W0305294

collection Initiation

DANS LA MÊME COLLECTION

Georges Barbarin : **Le Livre de la mort douce.**
Nerys Dee : **Comment interpréter vos rêves.**
Yves Gaël : **Talismans dévoilés.**
Josephine Harper et Michael Miller : **Comment développer votre énergie psychique.**
Paul-Clément Jagot : **Comment développer votre magnétisme personnel.**
Paul-Clément Jagot : **L'Influence à distance.**
Paul-Clément Jagot : **Comment guérir par le magnétisme.**
Paul-Clément Jagot : **Méthode pratique de magnétisme, hypnotisme, suggestion.**
Paul-Clément Jagot : **Théorie et pratique de l'hypnotisme.**
Jean-Pol de Kersaint : **Toute la numérologie.**
Jean-Pol de Kersaint : **Tout par la radiesthésie.**
René Lacroix à l'Henri : **Manuel de radiesthésie.**
Joanne Leslie : **La Cartomancie pour tous.**
Antoine Luzy : **La Radiesthésie moderne.**
Papus (Dr Gérard Encausse) : **La Réincarnation. Ce que deviennent nos morts.**

Talismans dévoilés

« Votre vie est faite à l'image de vos pensées ».

Marc AURÈLE

« La sagesse est au-dedans de nous et non au-dehors ».

Yves GAËL

Talismans dévoilés

Secrets, fabrication et utilisation des talismans, porte-bonheur, pantacles...

27e mille

Éditions Dangles
18, rue Lavoisier
45800 ST-JEAN-DE-BRAYE

ISSN : 0763-8566
ISBN : 2-7033-0147-2

AVERTISSEMENT

Les Talismans existent depuis toujours ; seule, leur forme a plus ou moins évolué au fil des siècles, et encore, dans de faibles proportions. La Science Talismanique est issue de la très ancienne TRADITION ÉSOTÉRIQUE que seuls quelques « initiés » se transmettent de génération en génération, afin d'en conserver jalousement le secret.

Mais, surtout depuis la seconde moitié du XIXe siècle, on assiste à une nette recrudescence de l'intérêt du public pour ce domaine laissé longtemps et intentionnellement *dans l'ombre· D'anciens manuscrits sont exhumés ; de vieilles éditions ésotériques devenues introuvables sont maintenant rééditées et offertes au grand public ; certains initiés lèvent parcimonieusement un coin de voile sur les secrets de leur univers ; on assiste même, depuis peu, à la naissance d'une presse spécialisée dans ce domaine.*

On cherche ;
On étudie ;
On veut comprendre ;
On veut SAVOIR !

Malheureusement, le chercheur consciencieux se trouve généralement désemparé et dérouté devant cette énorme masse de documents qu'il doit classer, trier et résumer afin d'en pouvoir tirer la synthèse.

C'est pour cette raison que je n'ai pas voulu reprendre l'étude systématique et approfondie de toutes les sources auxquelles j'ai été obligé de puiser, afin d'en extraire la théorie que je vous propose aujourd'hui. L'ampleur d'une telle étude aurait rebuté le lecteur, ce qui n'est pas le but visé par cet ouvrage qui se veut utile au plus grand nombre.

Mais, ceux qui désireraient approfondir certains éléments ayant servi à l'élaboration de cet ouvrage, trouveront en fin de volume, une bibliographie détaillée leur permettant d'aller plus loin dans leurs recherches.

Mon seul but est de démontrer que ce bonheur auquel vous aspirez tant est accessible à chacun de vous.

Y ai-je réussi ? Y ai-je au moins contribué ? Je l'espère .

Yves Gaël

INTRODUCTION

« Ceux qui se contentent de demeurer dans la vallée ne reçoivent rien des montagnes ».

E. KRAMER
(Chemins vers la Puissance)

Depuis toujours, l'homme a été sensibilisé à diverses croyances ; certaines ont plus ou moins évolué avec le temps ; d'autres sont restées intactes malgré l'évolution matérielle, spirituelle et scientifique de la race humaine.

Mais, si les origines de ces croyances sont généralement mal connues, on en connaît parfaitement les motivations. Depuis que l'homme existe, il a toujours réalisé sa petitesse devant l'ampleur de cet Univers qui l'entoure, le dépasse et l'écrase. L'homme, cet infime grain de sable, conscient de la fragilité de son existence, sans cesse balloté par les éléments, par la nature, a toujours éprouvé le besoin d'une protection.

Au début, par le feu qui faisait fuir, la nuit, les bêtes sauvages ; puis, par l'utilisation réfléchie des obstacles naturels (cours d'eau, grottes, rochers...) ; ensuite, par des murs, des armes et enfin, par les progrès scientifiques qui lui permettent maintenant d'asservir, dans une certaine mesure, une partie des forces de la nature.

L'homme s'est toujours méfié de certains concours de circonstances fortuites, de conjonctions d'événements divers auxquels il a toujours attribué une plus ou moins grande importance psychologique et une certaine idée de rapport avec son destin personnel. Tous ces éléments constituent encore aujourd'hui, un amalgame de superstitions auquel l'homme moderne attache toujours une certaine importance.

A l'heure actuelle, combien de personnes passent-elles allègrement sous une échelle, voient sans arrière-pensée un chat noir traverser leur route, posent délibérément leur pain à l'envers, ouvrent un parapluie à l'intérieur de leur maison, brisent un miroir sans penser instinctivement : « *7 ans de malheur* », etc...

Autant de vieilles croyances populaires qui, si elles existent encore de nos jours, ont eu une origine fondée sur des faits vécus, et une existence parsemée de vérifications et de constatations en tous genres.

Qui, de nos jours, n'a jamais entendu parler des « vertus protectrices » d'un fer à cheval, d'une patte de lapin, ou d'un trèfle à quatre feuilles ? Qui n'a jamais remarqué, dans une certaine presse, les innombrables publicités pour des Talismans et des porte-bonheur (bagues, bijoux, pierres miraculeuses, statuettes, etc...) de forme, de prix et de « vertus » tellement variés qu'il est difficile de sélectionner celui qui est le mieux adapté à son propre cas ? Tous ces « objets-miracle », accompagnés de dizaines de lettres de référence de clients satisfaits (dûment authentifiées), se vendent énormément (sans quoi les fabricants se tourneraient vers une autre activité !), et prouvent, du fait même de leur existence, l'immense intérêt que porte encore l'homme du XXe siècle à la recherche de sa protection sous toutes les formes.

Qui, à l'heure actuelle, peut prouver concrètement que toutes ces croyances (anciennes et modernes), que tous ces espoirs confiés en des objets divers ne sont que vaines et inutiles illusions, dénuées de tout fondement, ou voire encore, la preuve d'un certain genre de « faiblesse d'esprit », ainsi que certains esprits, soi-disants « forts », l'affirment ?

De tous temps, sous toutes les latitudes, l'homme en lutte constante pour sa survie, a éprouvé le besoin de faire appel au « *surnaturel* », d'espérer en quelque chose qui le dépasse et qu'il n'a jamais réussi à appréhender concrètement, en un mot, de CROIRE. Il lui a toujours fallu une *aile protectrice* sous laquelle il pouvait se réfugier.

Le présent ouvrage, se basant sur d'innombrables travaux déjà parus, sur l'étude de diverses traditions, sur des témoignages dignes de confiance et sur les propres expériences de l'auteur, se propose d'expliquer *pourquoi* et *comment* un Talisman peut effectivement apporter une solution à tous vos problèmes, sous quel angle il faut envisager cette idée de « surnaturel » contenue dans tout porte-bonheur et enfin, la manière de confectionner soi-même son propre pantacle bénéfique.

PREMIÈRE PARTIE

TALISMANIE SPIRITUELLE

« Nous ne devons pas croire une chose simplement parce qu'elle nous est dite, ni souscrire aux Traditions uniquement parce qu'elles descendent de l'Antiquité, ni les écrits des Sages parce qu'ils furent écrits par des Sages. Nous ne devons accepter que ce qui reçoit l'approbation de notre conscience ; c'est pourquoi je vous ai appris à croire seulement lorsque vous aurez SENTI ce qu'on vous propose, dans votre propre Conscience Intérieure... après quoi, servez-vous en largement ».

BOUDDHA

(« La Doctrine Secrète »)

CHAPITRE I

QUE SOMMES-NOUS ?

« Celui qui est lent à la colère est supérieur au puissant ; celui qui sait gouverner son esprit, est supérieur à celui qui prend une cité ».

SALOMON

« Tout est possible à chacun ; JE PEUX est fils de JE SUIS ».

En général, l'homme se fait toujours sa propre idée de lui-même et de ses capacités ce qui, en un certain sens, guide toute sa vie. Malheureusement, il ne peut fonder cette opinion de lui-même que sur les traits apparents de sa personnalité, ou du moins sur ce qu'il peut réellement en appréhender. Ainsi, combien d'entre nous s'estiment-ils incapables de faire tel ou tel acte dépassant, d'après eux, leurs possibilités soit physiques, soit psychiques ? L'homme, une fois cette opinion de lui-même faite et bien ancrée dans son cerveau, élimine d'office les actes lui paraissant impossibles à exécuter.

« *Je ne peux pas le faire* » ;

« *Je n'y arriverai jamais ; à quoi bon essayer* » ;

« *Je ne saurais jamais faire ceci* » ;...

autant de pensées négatives qui nous entravent dans notre progression vers le bonheur et dans la réalisation de nos buts secrets.

Tout projet d'action est conditionné par cette opinion de CAPACITÉ ou de NON-CAPACITÉ. L'homme se limite de lui-même, et volontairement, à ce qu'il pense être capable de faire ; peu d'entre nous osent s'aventurer au-delà des limites de cette capacité qu'ils ont délimitée une bonne fois pour toutes, et auxquelles ils se réfèrent sans cesse dès qu'ils sont placés devant un problème nouveau.

La PEUR, dit-on, « donne des ailes » ; combien d'exemples divers existent de personnes ayant accompli sous l'effet d'une intense frayeur des actes dont eux-mêmes et leur entourage les aurait cru incapables auparavant.

Ainsi, telle personne ne sachant pas nager et ne s'aventurant jamais au bord de l'eau de crainte d'y tomber, traversera un torrent sous l'effet d'une frayeur intense, son instinct de conservation lui donnant l'impulsion nécessaire à la réalisation de cet acte dont elle se croyait incapable.

A titre d'exemple, vous n'hésiteriez pas à parcourir une étroite planche posée sur le sol. De plus, vous réussiriez certainement à ne pas poser le pied en dehors. Mais, si vous deviez parcourir cette même planche jetée en travers d'un précipice, vous hésiteriez et finiriez par refuser, certain de tomber. Et si néanmoins vous tentiez l'expérience dans l'état d'esprit de celui qui s'accorde 99 chances sur 100 de tomber, l'idée de chute à elle seule, vous précipiterait inévitablement[1].

De même, un simulacre d'incendie dans une salle d'hôpital, quelques internes s'enfuyant à toutes jambes en criant « Sauve-qui-peut ! », ont suffi pour rendre le mouvement à plusieurs paralytiques, mus brusquement par l'idée de courir et d'échapper au danger[1].

A Paris, durant les bombardements de la dernière guerre, on a vu des gens perclus et impotents si rapidement descendus à la cave, qu'ils furent tout surpris de s'y trouver.

« *Si nous admettons qu'un individu, sous l'effet de la peur fasse une chose inhabituelle, nous admettrons aisément que le même individu, à qui l'on apprendra*

---

1. Exemples extraits de l'ouvrage de P. C. Jagot : « *Méthode pratique d'Autosuggestion* » (Editions Dangles).

à se mettre de lui-même dans un état semblable, pourra tout naturellement accomplir le même acte »[1].

Le problème se résume donc à une simple question : « Comment se mettre délibérément dans l'état d'esprit qui nous permettra de réaliser ceci, ou d'obtenir cela ?».

Il n'existe aucune « formule-miracle », aucune « mixture merveilleuse », mais rien que de très naturel et à la portée de chacun d'entre nous : LA FOI EN SOI-MÊME.

Si nous sommes intimement persuadés de pouvoir faire telle ou telle chose, nous mobilisons inconsciemment en nous-même tous les moyens nécessaires pour y parvenir.

L'homme dispose d'une chose merveilleuse : son CERVEAU. Ce cerveau, dont il se sert pour penser, réfléchir, ordonner et construire, a fait de lui un inventeur et un créateur. La surface de notre planète est parsemée de témoignages de cette créativité : édifices variés (temples, statues, villes, usines, ponts, barrages, etc...). Mais le cerveau a aussi permis à l'homme d'organiser le monde comme il l'entendait, en créant et en imposant son sens moral, artistique, religieux, ainsi que

---

1. G. MUCHERY : « *Magie, moyens pratiques d'action occulte* » (Editions du Chariot, Paris).

la manifestation de son intelligence et de sa curiosité scientifique.

« *Ce foyer de puissantes activités (l'homme), nous pouvons le regarder du dedans ou du dehors. Vu du dedans, il nous montre nos pensées, nos tendances, nos désirs, nos joies, nos douleurs. Vu du dehors, il apparaît comme le corps humain, le nôtre d'abord, et aussi celui de nos semblables. Il a donc deux aspects totalement différents. C'est pourquoi il a été considéré comme fait de deux parties : le corps et l'âme. Ce TOUT est à la fois tissus, liquides organiques et conscience. Il s'étend simultanément dans les trois dimensions de l'espace et dans le temps. Mais il n'est pas entièrement compris dans ces quatre dimensions, car la conscience se trouve à la fois dans la matière cérébrale, et hors du continuum physique* »[1].

Or, ce cerveau que nous utilisons actuellement bien en-deçà de ses possibilités, peut nous ouvrir des portes merveilleuses.

L'homme, sous réserve qu'il sache comment utiliser les forces qui sommeillent en lui, est appelé à dominer son environnement, à vaincre l'adversité, et à obtenir ce qu'il souhaite le plus, du moment que les buts qu'il

1. Alexis CARREL : « *L'homme, cet inconnu* » (Plon, Paris).

s'est fixés ne soient pas en contradiction avec la liberté et le sens moral du monde dans lequel il évolue.

Le « surnaturel » a toujours été l'une des grandes interrogations de l'homme. Toutes les religions, quelles qu'elles soient (Christianisme, Hindouïsme, Bouddhisme, Tibétisme, Brahmanisme, Druidisme, Islamisme, Confucianisme, Taoïsme, etc...), sont basées sur la dépendance de l'homme à un « surnaturel ».

Toutes les traditions anciennes (Hébraïque, Egyptienne, Assyrienne, Gnostique, Islamique, Chrétienne, Colombienne, Iranienne, Chinoise, Tibétaine, etc...) se réfèrent à un « quelque chose » d'infiniment supérieur à l'homme.

Or, l'homme, uniquement par la puissance de son esprit bien dirigée, possède en lui la faculté de communiquer avec ce « surnaturel », et même de s'en servir pour l'accomplissement de ses desseins.

D'innombrables expériences et faits concrets (restés sans explications rationnelles et scientifiques), tendent à prouver que l'homme, de par son esprit, *déborde* des limites anatomiques de son corps physique, et qu'il est en réalité beaucoup plus grand et plus vaste que sa simple enveloppe matérielle visible.

Notre peau et nos muqueuses constituant nos frontières physiques, n'encerclent pas notre personnalité mentale. Nos sentiments (amour, haine, joie...) sont des réalités bien perceptibles, quoique nous ne puissions les appréhender correctement par l'intermédiaire de nos cinq sens. Nos oreilles n'*entendent* pas notre haine ; nos yeux ne *voient* pas notre amour ; notre odorat ne perçoit pas notre joie et pourtant, ces sentiments font bien partie intégrante de nous-même !

« *Il est évident que l'individu dépasse de toutes parts sa frontière corporelle* ».[1]

Mais l'homme peut se prolonger dans l'espace de façon bien plus positive encore. Au cours des phénomènes télépathiques, des phénomènes de double-vue et de prémonition, il projette au loin une partie de lui-même, une sorte d'émanation fluidique qui n'est limitée ni en temps, ni en distance. La pensée peut donc, en ce point, être comparée aux ondes électro-magnétiques.

« *Nous savons que l'esprit n'est pas entièrement inscrit dans les quatre dimensions du continuum physique. Il se trouve donc à la fois dans l'univers matériel, et ailleurs. Il s'insère dans la matière par l'intermédiaire du cerveau, et se propage hors du temps et de l'espace, comme une algue se fixe à un rocher, laissant sa chevelure flotter dans l'Océan* ».[1]

Certaines grandes figures de notre civilisation (scien-

---

1. Alexis CARREL : « *L'homme, cet inconnu* ».

tifiques, artistes, militaires ou hommes politiques,...) semblent tirer leurs inspirations ou leurs traits de génie hors des limites de notre univers concret, tant leurs découvertes paraissent peu en rapport avec le niveau culturel de l'époque.

Ces hommes, par l'extension de leur être psychique dans l'espace, peuvent y appréhender une multitude d'enseignements et de possibilités qui peuvent passer, aux yeux d'esprits non avertis, pour inconcevables.

Or, cette possibilité de puiser et de se servir des richesses emmagasinées dans l'Astral, est donnée à chacun de nous.

« *L'existence de cette puissance qui réside en chacun de nous est aujourd'hui connue de plusieurs millions de personnes. Cette puissance n'est rien moins que la PUISSANCE FONDAMENTALE DE L'ÊTRE, et sa découverte est le divin droit de naissance des hommes. Chacun de nous a le privilège d'établir le contact avec elle, et de la mettre en œuvre dans le but de la réalisation de ses aspirations profondes.* »[1]

Mais comment découvrir et apprendre à se servir de cette puissance merveilleuse qui peut nous ouvrir tant de portes ?

---

1. Edward L. KRAMER : « *Chemins vers la puissance* » (Editions Dangles).

CHAPITRE II

NOTRE PUISSANCE CACHÉE

« L'être humain émet des radiations issues de la matière dont il est constitué, et ce phénomène n'est plus discuté par personne ».

M. LEPRINCE-RINGUET

(« Les grandes découvertes du XXe siècle »)

Considérant le problème sous un angle scientifique, nous nous réfèrerons aux nombreux travaux déjà parus, relatifs à la composition psychique de l'homme, au cerveau humain et à ses aptitudes, et sur ce que l'on nomme « Force-Pensée ».

L'homme est environné par ce que les astronomes nomment « Cosmos », les occultistes « Ether » ou « Astral », les physiciens « Atmosphère », et les croyants « Dieu ».

Or, l'homme a les moyens de communiquer avec cette force contenue dans l'univers qui nous entoure.

A l'heure actuelle, les savants de tous les pays ont découvert que le cerveau et le corps humain émettent des ondes électro-magnétiques, ce que n'ignoraient point en leur époque, les chercheurs tels PARACELSE et MESSMER.

« *Les glandes, les muscles, les cellules projettent des ondes ; le corps humain est un générateur galvano-électrique* ».[1]

« *Du cerveau humain en intense activité, il émane des ondes. Le réflexe cérébro-psycho-radiant nous prouve la possibilité d'un rapport physique direct entre le cerveau et l'éther cosmique. Le cerveau humain doit être considéré comme un organe actif, irradiant et explorant l'univers des vibrations* ».[2]

Les savants modernes ont reconnu, tel Hermès TRISMÉGISTE plusieurs milliers d'années avant Jésus Christ, que dans le monde matériel, tout est vibrations ; lumière, son, électricité, etc... ne sont que vibrations.

Certaines, selon leur nature et leur vitesse nous

---

1. Docteur Albert LEPRINCE : « *Energie psychique et magiciens modernes* » (Editions Dangles). Epuisé.

2. Professeur CAZZAMALLI : Revue « *Métapsichica* » (1958, I et II).

sont perceptibles par l'intermédiaire de nos cinq sens. Les autres — et ce sont les plus nombreuses — ne nous sont absolument pas perceptibles, selon la définition matérialiste de ce mot.

Toutes ces autres vibrations se transmettent dans ce milieu nommé « Ether » par les physiciens. Ce milieu omniprésent baigne et interpénètre toutes choses existantes. L'occultiste le considère comme une manifestation de la « conscience universelle et divine » et l'appelle « Astral ». Il existe dans cette grande *mer magnétique* dans laquelle nous vivons, des courants de pensée auxquels nous pouvons, volontairement ou inconsciemment, nous attacher, afin d'en obtenir des résultats bien définis. Nous entendons souvent, au cours d'une conversation, notre interlocuteur s'exclamer : « Tiens, j'y pensais également » ou « J'allais justement vous le dire ! », comme si la pensée d'une personne, s'évadant de son cerveau sous forme d'ondes, venait contacter le cerveau récepteur de l'interlocuteur « branché sur la même longueur d'onde ». De même, une simple enquête auprès des bureaux de dépôts de brevets d'invention, prouve aisément que des inventeurs, chercheurs ou savants, séparés parfois par des milliers de kilomètres, découvrent la même chose au même moment. On peut donc supposer (et affirmer) qu'ils sont plongés dans un même courant mental, alimenté par les ondes émises de leurs cerveaux respectifs, ondes axées et concentrées sur le même sujet. Il ne semble donc pas exagéré de supposer qu'à partir du moment ou l'un d'entre eux verra aboutir ses recherches, les autres en soient aussitôt informés par l'intermédiaire de ce « canal psychique » qui les relie. Alors, ils stupéfient le public par des inventions identiques dont, évidemment, chacun d'eux revendique l'exclusivité.

Ce monde immatériel existe donc bien. On ne peut voir l'électricité en liberté, et pourtant, tout le monde apprécie son existence. Enfermé dans une chambre, vous voyez le vent agiter les branches des arbres, et pourtant, vous ne le sentez pas ; mais iriez-vous nier son existence ?

De même, il serait vain de nier l'existence de ces courants mentaux qui nous environnent, car ils ont été maintes fois expérimentalement prouvés (télépathie, double-vue, clairvoyance, prémonition,...), et nous ne nous attarderons pas à passer en revue toutes les études et témoignages relatifs à ce sujet. Il existe maints recueils de ces témoignages, auxquels le lecteur pourra se référer.

« *Si les choses extérieures agissent et réagissent sur l'homme, il est également vrai que celui-ci agit et réagit sur son ambiance ; partant de ce principe, il peut à son gré influencer les événements, modifier les cir-*

constances dans lesquelles il se trouve, et qui constituent la trame de sa vie ».[1]

Mais comment agir sur ces éléments extérieurs ?

Comment les faire participer activement à la réalisation de sa volonté ?

C'est là où intervient ce que l'on appelle indifféremment : « Pensée Créatrice » ; « Force-Pensée » ; « Pouvoir de l'esprit » ; « Mentalisme » ; « Science du Mental » ; etc... noms différents s'appliquant à la même chose, suivant les auteurs.

Nous n'entreprendrons pas, dans le cadre de cet ouvrage, l'explication précise et complète de cette science, qui a déjà fait l'objet de multiples études et écrits. Nous nous contenterons d'en indiquer le principe fondamental et les moyens d'application, en priant les lecteurs intéressés de se reporter, pour plus de détails, aux ouvrages de : Dr. J. MURPHY, E. HOLMES, R. INGALESE, G. BARBARIN, E. FOX, etc... (voir bibliographie en fin d'ouvrage), auteurs en majorité américains et fondateurs d'instituts spiritualistes qui rayonnent dans le monde entier, tels que : « Christian Scientists », « Mental Scientists », « New Thought Scientists », etc...

---

1. G. MUCHERY : « *Magie, moyens pratiques d'action occulte* ».

1) Principes de la force-pensée

L'éther est fluide. Suivant les opinions, c'est un courant d'ondes, un magmas de fluides psychiques, mais c'est surtout une FORCE CRÉATRICE, un élément actif dont nous dépendons tous, puisqu'il est aussi assimilé au « Dieu » de toutes les religions.

« Il y a des courants dans cette mer fluide, et l'homme peut et doit apprendre à les utiliser pour qu'ils lui amènent ce qu'il désire »[1].

La pensée humaine produit une ÉNERGIE (onde), et l'énergie crée la FORCE qui, à son tour, produit l'ACTION. La pensée déplace les atomes de l'air qui environne le corps, causant ainsi des vibrations ou des ondes dans l'atmosphère, tel un caillou jeté dans l'eau produit des ondes mouvantes concentriques. Une faible pensée n'amène qu'un faible déplacement, tout comme une douce brise n'agite que mollement les feuilles des arbres, tandis que de fortes et impétueuses pensées déplacent les atomes sur une aire beaucoup plus vaste, tel le simoun dans les déserts de sable.

La « Force-Pensée » (appelons-la par ce nom) est une puissance si subtile, et pourtant si réelle que, pour

---

1. Richard INGALESE : « *Le pouvoir de l'esprit* » (Éditions Dangles).

en mesurer tous les usages et les moyens d'application, il faudrait augmenter la durée de vie humaine dans des proportions inimaginables, car ses possibilités sont illimitées. C'est la source même de toute intelligence, de tout accomplissement et avancement physique, mental, spirituel, scientifique et artistique. Elle est la base de tout malheur, de la santé ou de la maladie, du succès ou de l'échec.

L'existence et les principes de cette FORCE sont aussi vieux que l'humanité. La biologie l'appelle la « Vie » ; la physique l'appelle « Pensée » ou « Énergie éthérique » ; le philosophe H. SPENCER la nomme : « énergie infinie dont toute chose procède ».

La Pensée est l'intelligence recueillie par votre cerveau à l'usage de votre esprit. L'énergie éthérique est la force engendrée dans votre cerveau par l'action de votre pensée. Cette force propage les pensées depuis les cellules du cerveau jusqu'à leur destination. Votre volonté est l'opératrice et la directrice qui transmet et guide vos pensées vers leur destination. Ainsi, votre pensée, toujours transportée par l'énergie éthérique, guidée et contrôlée par votre volonté, devient une force telle que ni la matière, ni la distance n'opposent de barrières à sa transmission.

Toutes vos pensées engendrent donc des vibrations mentales qui NE PEUVENT SE PERDRE. Sachez les ordonner et les diriger afin d'en obtenir les meilleurs effets. Sachez qu'il y a une solution à tous les problèmes soi-disant « insurmontables » (santé, argent, sentiments, etc...) qui vous préoccupent. Dans les moments les plus difficiles, il existe toujours une puissance, une « Sagesse » prête à vous secourir si vous savez, uniquement par la force de votre pensée bien dirigée, faire appel à elle.

2) Quelques manifestations de cette force

A titre d'exemple, et afin de mieux vous convaincre, penchons-nous ensemble sur le cas des malades.

Le corps médical le premier, attache une extrême importance au MORAL du patient. En effet, les médecins savent bien qu'un malade guérit beaucoup plus rapidement s'il est lui-même CONVAINCU de son prochain rétablissement. Un malade qui *combat mentalement* son mal a dix fois plus de chances de guérir vite que celui qui se laisse passivement gagner par la maladie, qui ne réagit pas ou qui se dit : « *A quoi bon lutter, je ne guérirai jamais !* »

Le premier souci des médecins est bien de soigner d'abord le MORAL de leurs patients. Ils leur AFFIRMENT leur prochaine guérison, revêtent toujours une apparence de calme et de sûreté d'eux-mêmes ; en un mot, ils font tout leur possible pour *convaincre* leurs patients de leur guérison prochaine.

Combien de personnes âgées, au déclin de leur existence, stupéfient leurs proches par leur VOLONTÉ INTENSE DE VIVRE, volonté qui les prolonge bien au-delà du temps qui leur était imparti par les spécialistes.

A l'école, combien d'élèves peu doués au départ, voit-on en tête de classement, seulement poussés par cette ferme VOLONTÉ DE RÉUSSIR, par cet esprit de combattivité qui ne leur fera jamais admettre d'être inférieur aux autres.

Ces quelques exemples qui pourraient être multipliés des milliers de fois, démontrent bien qu'en nous se cache une FORCE, laquelle peut, si nous savons l'utiliser, nous ouvrir bien des portes.

CHAPITRE III

COMMENT UTILISER CETTE PUISSANCE CACHÉE EN NOUS ?

« *Affirmez et vous obtiendrez* »
« *Demandez et vous recevrez* »
« *Frappez et l'on vous ouvrira* »

LA BIBLE

On entend souvent dire que « la foi peut soulever des montagnes ». Tout exagéré que cela puisse paraître, cela n'en est pas moins vrai, du moins sous un angle symbolique.

Nous venons de voir au chapitre précédent, quelle force immense sommeille en nous, et quelle force encore plus puissante nous est offerte, sous réserve que nous sachions comment la mobiliser. C'est ce que nous allons voir maintenant.

Vous devez d'abord avoir à la base, trois qualités qui, si vous ne les possédez pas innées, peuvent se forger assez rapidement :

— DÉSIR,

— DÉTERMINATION,

— POUVOIR DE CONCENTRATION.

Votre réussite est proportionnelle à la puissance de ces trois attributs.

Chaque religion a créé des « pratiques » destinées à rapprocher l'esprit humain de la DIVINITÉ.

En Orient, et de plus en plus en Occident, c'est le Yoga.

Le Bouddhisme et le Judaïsme utilisent des cérémonies rituéliques.

Le Christiannisme conseille la prière.

Mais celui qui n'a pas de religion, ou qui s'en est écarté ? Et bien, il a pour lui sa PENSÉE. La pensée humaine est une vibration engendrée par l'esprit ; c'est donc une force. Cette force énorme, à l'état latent chez beaucoup, peut, tout comme les muscles, se fortifier par l'entraînement dont nous vous donnons ci-après le schéma directeur :

1) Savoir se concentrer

Vous devez savoir et pouvoir maintenir votre esprit fixé sur un seul sujet, à l'exclusion de tout autre. Cette faculté nécessite calme et isolement. Au début, au bout de dix minutes de concentration sur un sujet bien déterminé, vous constaterez que votre pensée commence à vagabonder. Il vous faudra donc continuer l'entraînement pour arriver à vingt minutes consécutives de concentration.

2) La création d'une image mentale

La « Pensée-Créatrice » est celle qui concrétise un sujet déterminé, qui en compose une image mentale la plus exacte possible, avec toutes les caractéristiques y afférentes. Vous devez, uniquement par votre imagination, représenter concrètement dans votre esprit l'image la plus exacte possible de la chose que vous désirez.

Voulez-vous développer votre commerce ? Faites une peinture mentale de la foule de vos clients attendant devant votre boutique, avant l'ouverture. Imaginez-vous tous ces clients qui achètent beaucoup, et qui paient sans discuter.

Désirez-vous de l'argent ? Représentez-vous l'image

de la somme désirée, et maintenez cette image dans votre esprit, jusqu'à ce que vous puissiez la voir aussi bien que si elle était matériellement devant vous. Plus votre image mentale sera exacte et visualisée avec force et intensité, plus rapidement elle deviendra réalité tangible. La vibration continue émanant de votre cerveau actionne l'éther qui vous environne, et il émane de vous des forces magnétiques dirigées et concentrées vers l'objet désiré. Vous n'avez pas besoin de prévoir d'où vous viendra cet argent ; la « Conscience Universelle » choisira la voie convenable et juste qui vous donnera l'objet de votre demande, sans léser personne.

La majorité des gens pensent mal ; ils se laissent distraire, et leur esprit vagabonde. Il n'y a ni suite logique, ni continuité dans leur pensée. Il est possible de penser sans l'intermédiaire des mots : c'est alors que l'image mentale devient pensée concrète, et se transforme en vraie PENSÉE CRÉATRICE.

Tous les hommes utilisent plus ou moins les courants de pensée, inconsciemment ou volontairement.

L'intense désir et la décision bien arrêtée d'un individu voulant obtenir à tout prix une richesse, la santé, l'estime d'une personne, etc... mettent en action certaines lois naturelles qui, si ce même individu persiste dans sa volonté, lui feront obtenir ce qu'il désire. Le temps nécessaire à cette réussite sera d'autant plus bref que cet homme aura mieux su diriger en droite ligne, les forces qu'il aura déclenchées.

Qui, connaissant la puissance de l'esprit, demandera à la « Conscience Universelle » la réalisation d'un désir, fréquemment et avec ardeur, l'obtiendra rapidement.

Afin de vous aider à mieux vous servir de votre esprit, nous vous résumons ci-dessous les points essentiels de ce qu'il vous faut savoir et faire ; ces règles sont adaptées de l'excellent ouvrage de Richard INGALESE : *« Le pouvoir de l'Esprit »*.[1]

— Chaque chose que vous désirez existe actuellement dans l'Univers environnant, et vous POUVEZ la posséder.

— Demandez-vous s'il existe une seule raison pour laquelle vous ne devriez-pas obtenir ce que vous désirez. Vous verrez alors qu'il n'y en a aucune du moment que votre désir est justifié, et cela vous ôtera toute incertitude. L'incertitude, en effet, provoque une condition négative, trouble l'éther et de ce fait, entrave la réalisation matérielle de vos créations mentales.

1. Editions Dangles.

— Ensuite, faites en vous-même l'image mentale la plus exacte et la plus concrète possible, de ce que vous désirez ardemment ; AFFIRMEZ sa prochaine réalisation sans crainte, souvent, très souvent, jusqu'à son accomplissement. N'ayez pas peur de persister ; ne vous découragez surtout pas ; à partir du moment où vous aurez décidé de réaliser votre désir, allez jusqu'au bout.

— Une demande positive donne de meilleurs résultats qu'une prière ou une supplication. En effet, inhérent à la prière est le DOUTE, car celui qui prie ne sait jamais s'il sera exaucé. Par contre, si vous AFFIRMEZ la réalisation prochaine de votre désir, si vous parvenez à vous en persuader vous-même, vous aurez gagné.

— Demandez spécifiquement et exclusivement ce que vous désirez. Par exemple, si vous désirez de l'argent, ne demandez pas du travail, même si ce travail peut vous apporter le gain que vous escomptez. Il est impératif que votre image mentale soit parfaitement claire ; plus elle sera claire et plus rapidement elle sera matérialisée. Vous désirez acheter une voiture ; ne demandez donc pas la somme d'argent nécessaire à cet achat ; vous l'obtiendrez sûrement, mais au même moment vous pourriez vous trouver face à un imprévu qui vous fera utiliser cette somme différemment, et vous n'aurez pas la voiture convoitée. Contentez-vous de matérialiser dans votre esprit la voiture désirée, et ainsi, vous ne risquerez pas de commettre d'erreur.

— Soyez CONFIANT ; restez calme et détendu ; vous parviendrez ainsi à mieux fixer votre esprit sur votre but. Ne formulez pas vos images mentales à la hâte ; la perturbation mentale entravera leur bonne réalisation.

— Réalisez et souvenez-vous que vous utilisez une LOI IMMUABLE. Vous obtiendrez ce que vous désirez parce que vous employez une LOI, et rien ne pourra vous empêcher de réussir.

— Si vous conservez la FOI EN VOUS-MÊME, il n'y aura pas de limite à vos possibilités.

Surtout, soyez PATIENT, très patient. Ayez constamment à l'esprit cet axiome : « *Rien ne se perd, rien ne se crée ; tout se transforme* ». En effet, partant de cet axiome scientifiquement vérifié, il est parfaitement admissible (et il faut vous en convaincre !) de croire qu'une pensée émise par votre cerveau, sortant des limites de votre être physique, ne se perde pas dans l'immensité qui vous entoure. Bien au contraire, cette pensée se transformant en une force de même « longueur d'onde » que l'astral, influe sur cet élément, tel le vent poussant les nuages, telle la goutte d'eau faisant déborder un verre plein. Cette action de la pensée humaine sur l'astral ne se perdant point, modifie celui-ci dans un certain sens, dans le sens que nous désirons, modification se répercutant sur notre univers palpable.

Par conséquent, plus votre pensée sera émise et AFFIRMÉE avec FORCE et INSISTANCE, plus vous aurez de chance d'en percevoir une répercussion sur le plan où vous désirez voir se manifester un changement.

Mais, me direz-vous, que vient faire tout ceci dans un ouvrage consacré à la Talismanie ? Ne soyez pas impatient, et rappelez-vous bien de tout ce qui précède, car nous arrivons maintenant au » Pourquoi » des Talismans, et vous constaterez que tout ceci est en rapport très étroit.

Vous sentez-vous capable maintenant d'affirmer avec FOI et PATIENCE, la réalisation prochaine de vos désirs ? Êtes-vous sûr de ne pas vous décourager dans l'attente, et de persister à CROIRE ? Êtes-vous certain de ne pas flancher, surtout au début ? Si oui, vous pouvez arrêter ici la lecture de cet ouvrage ; le bonheur est maintenant à votre portée. Si non, ce qui va suivre vous sera d'une grande utilité.

CHAPITRE IV

LES TALISMANS

« La magie n'est ni une croyance, ni une religion ; elle n'est en opposition avec aucun dogme ; c'est une science qui a pour but l'utilisation des forces naturelles pouvant apporter une amélioration spirituelle, morale ou matérielle à l'humanité ».

C. MUCHERY

(« Magie, moyens pratiques d'action occulte »)

CROIRE !

Cette faculté de l'esprit humain s'est exercée depuis la naissance de la race humaine. L'homme, constamment environné de dangers, de choses qui le dépassent, a toujours eu besoin de CROIRE. L'étude de toutes les anciennes civilisations met en évidence l'importance du culte consacré à ce que l'on nomme couramment : TALISMANS, PANTACLES, FÉTICHES, AMULETTES, GRI-GRI, etc... En effet, ces objets « sacrés » ont toujours existé, depuis des millénaires.

— Les « primitifs » (Africains, Australiens, Indiens, etc...) vénéraient leurs fétiches auxquels ils attribuaient une énorme vertu de protection. C'étaient généralement des figurines en bois, en terre ou en métal, représentant souvent le *Dieu protecteur* de leur tribu.

— Les Hébreux utilisaient leurs livres sacrés en en recopiant certaines lettres saintes ou certains versets sacrés sur des feuilles de parchemin ou sur des tablettes. Ils employaient également des éléments figuratifs symboliques ; puis des motifs géométriques vinrent encadrer les lettres. Ils créèrent aussi des Pantacles métalliques (en respectant les correspondances planétaires des métaux), et furent les créateurs de ces fameuses « Clavicules de Salomon » qui forment encore, à l'heure actuelle, la base de nombreux pantacles.

— L'Égypte, avec la multiplicité de ses Dieux (de rôles et de puissances divers), joua un rôle considérable dans l'élaboration de la science talismanique. Des hiéroglyphes à sens mystique complexe, des figurations d'animaux totémiques, des statues divines et pharaoniques avaient de grandes vertus protectrices. Certaines formules magiques et incantations retranscrites sur papyrus ou gravées sur pierre, métal ou porcelaine, étaient très employées pour la protection de l'esprit des morts, protection posthume à laquelle les Égyptiens attachaient une immense importance.

— Les Chaldéens utilisèrent des lambeaux d'étoffe attachés au corps, des statuettes de bois ou d'argile représentant un génie tutélaire. Des textes incantatoires gravés sur des tablettes d'argile suspendues aux portes des maisons, en éloignaient les « mauvais esprits ». Ils employaient également diverses amulettes portatives faites de petits cylindres de pierre dure gravés.

— Les Arabes nous ont légué leurs « *Carrés Magiques* », où nombres et lettres ont une valeur sacrée, et dans lesquels les sommes des nombres des colonnes verticales, horizontales et des diagonales sont égales. De plus, la science astrologique musulmane qui a toujours été prépondérante, était intimement liée à la science talismanique.

— Les premiers Chrétiens se servirent du signe de la Croix comme talisman. Ils employèrent la première lettre du mot *Chrestos,* encadré par l'Alpha et l'Oméga grecs. Ils utilisèrent également le symbolisme, tel : poissons, ancre, colombe, pain, palme, etc... qui furent gravés dans la pierre (Catacombes), ou portés en sceaux, en plaques, en broderies.

— Les Pré-Colombiens conservaient les crânes de leurs ancêtres (masques des morts), les incrustant de mosaïques, et en sculptant les os. Ils façonnaient également de petites statuettes portatives à l'image de leurs Dieux, de forme humaine ou animale. On retrouvera également quantité de pierres gravées, de jades, de silex, d'obsidiennes consacrées à un rôle de protection.

— L'ivoire et le bois de bambou avaient des « propriétés magiques » importantes dans la tradition Hindoue. Les amulettes hindoues étaient généralement de petits sachets portés autour du cou, contenant des substances diverses (d'origine animale, végétale ou minérale), chacune ayant une vertu bien déterminée.

— Le pantacle Chinois utilise beaucoup la loi secrète des correspondances, dont les symboles graphiques étaient peints sur la porte et les murs des demeures, ou sur des banderolles de soie rouge. On a retrouvé également d'autres talismans Chinois tels que : pièces de monnaie assemblées en forme de croix rappelant un sabre ; clous de cercueil ; cannes magiques (*Shakouja*), etc... Le Jade, très utilisé, était considéré comme conférant à son porteur, l'immortalité inhérente à sa matière.

Pour l'étude plus approfondie de l'histoire des Talismans et des Pantacles, le lecteur peut se reporter au très documenté ouvrage de Jean MARQUÈS-RIVIÈRE : « *Amulettes, Talismans et Pantacles* ».[1]

« *L'amulette, le talisman, se rencontrent partout, toujours, en tous lieux et en tous temps ; aucune forme religieuse, aucune civilisation, aucune société n'en est exempte. C'est un MOMENT de la conscience humaine, lié sans nul doute au rite magique figuré* »[2].

TALISMANS : « vaines et puériles superstitions » ; tel est le rapprochement que sont tentés de faire beaucoup parmi nous.

On peut pourtant constater, par le bref survol des civilisations passées que nous venons de faire ensemble, que de tous temps, l'homme a cru aux pouvoirs « magiques », « surnaturels » et « protecteurs » de certains objets de culte.

Les talismans, de par leurs inscriptions gravées ou dessinées, de par le Dieu ou la Puissance qu'ils sont censés évoquer, ont toujours été considérés comme un élément de jonction avec l'ABSOLU, comme un lien tangible entre l'homme et l'UNIVERS. Si leur usage

1. Editions Payot, Paris.
2. J. MARQUÈS-RIVIÈRE (ouvrage cité ci-dessus).

s'est perpétué au fil des temps, c'est bien la preuve de leur efficacité, car l'homme abandonne toujours ce qui n'a pas fait ses preuves. Or l'homme a CRU en ces objets, et du fait des résultats positifs obtenus, y CROIT toujours. Le Talisman étant un support psycho-spirituel, il implique la FOI.

Or, cette FOI, nous venons de voir (Chap. III) qu'elle était en chacun de nous, plus ou moins développée, mais qu'il nous appartient, pour la recherche de notre bonheur, de l'intensifier et de s'en servir au maximum.

Toutes les civilisations ont eu FOI en leurs objets de culte ; il vous appartient maintenant d'avoir FOI EN VOUS-MÊME, car un Talisman n'est qu'une aide, une « béquille d'unijambiste », un échelon dans la prise de conscience de vos propres facultés.

Vos intentions, votre volonté, formulées pour agir sur l'astral, n'ont pas besoin d'être fixées et symbolisées sur une substance physique si elles sont émises avec suffisamment d'intensité. Le signe de croix des Chrétiens, figuré par un simple mouvement de main, est un talisman d'une singulière puissance s'il est exécuté avec VOLONTÉ et FOI ; c'est tout le résumé de l'union de l'homme et de Dieu ; c'est l'appel de l'homme à son Dieu.

Mais malheureusement, l'homme sera toujours semblable à Saint THOMAS qui, selon la Bible, demandait à VOIR pour CROIRE.

En effet, cette FOI EN NOUS-MÊME devant être inflexible et inébranlable, bien dirigée et constante, est difficile à conserver, surtout au début quand on n'en perçoit pas les résultats dans le délai que l'on escomptait.

Croire fermement en ses propres possibilités personnelles avant d'en avoir eu la preuve concrète, est un exercice très abstrait pour notre cerveau. C'est pour cela que toutes les religions font appel à des objets de culte (généralement des sculptures de leur Dieu, des images saintes, des médailles religieuses, etc...) afin de pouvoir concrétiser la foi de leurs adeptes en quelque objet matériel que leurs yeux voient, et que leurs mains peuvent toucher.

Pour ceux qui n'ont pas (ou qui n'ont plus) de religion, pour ceux qui ne peuvent CROIRE suffisamment par eux-mêmes, sans aucune aide matérielle — et ils sont nombreux dans ce cas — pour ceux chez qui la foi est trop faible, la Magie (qui est la *Sagesse spirituelle,* d'après Papus) met à la disposition du disciple une série d'instruments et de supports destinés à appuyer sa volonté et à concrétiser ses pensées ; parmi ces objets, les Talismans et Pantacles se trouvent en bonne place.

Paracelse a dit : « *Que l'objet de votre foi soit vrai ou faux, vous obtiendrez les mêmes effets* ». Ainsi, que votre foi soit fondée sur les ossements d'un saint, sur la puissance curatrice de certaines eaux (Lourdes), sur une image (pieuse, pantacle), sur un objet (talisman, fer à cheval, amulette, etc...) vous obtiendrez les mêmes résultats uniquement par la puissante suggestion donnée à votre subconscient.

« *Toute idée porte automatiquement en elle son action.* » Mais attention ; cette idée doit être bien définie, concrète et formulée avec force et conviction.

« *Un talisman ne doit pas être considéré, comme beaucoup le croient, comme un porte-bonheur ; c'est uniquement un condensateur de fluide qu'il faut aider par un effort personnel. Le talisman a pour but unique de soutenir et de faciliter l'effort et le mérite de celui qui le possède, au moment voulu* ».[1]

Donc, le simple fait de posséder un talisman ne vous garantit en aucune manière l'accomplissement et la réalisation de votre but. Vous devez avoir la FOI, croire fermement en vos propres possibilités ; beaucoup d'entre nous, s'appliquant à ce moyen d'action susceptible de tant de possibilités, seront vite découragés, car

---

1. G. MUCHERY : « *Magie, moyens pratiques d'action occulte* ».

le résultat est parfois très long à se matérialiser pour qui n'est pas parfaitement entraîné à la maîtrise de sa pensée créatrice, ni suffisamment patient.

LE TALISMAN CONSTITUE SEULEMENT UN PROLONGEMENT CONCRET A VOTRE INTENTION SPIRITUELLE.

Aucun talisman, aussi élaboré soit-il, ne vous apportera quoique ce soit si vous n'avez pas, à l'origine, cette ferme volonté et ce désir impérieux d'aboutir. Le talisman ne pourra que vous aider à conserver ferme votre volonté, votre foi en vous-même. Par nature, l'homme est matérialiste ; il lui est plus facile de s'accrocher à l'idée qu'un objet bien matériel puisse favoriser la réalisation de ses désirs, qu'à une simple idée abstraite qu'on lui propose comme étant constructive. Mais, celui qui porte sur lui un talisman dont il ignore le sens et l'action, est semblable au sauvage à qui l'on donnerait un exemplaire en latin des œuvres d'Homère.

Les talismans ont un graphisme particulier, sont conçus dans un but bien déterminé, autant d'éléments que le porteur se doit de connaître. Ceci est l'objet de notre deuxième partie qui vous dévoilera les bases de la talismanie.

Si la pensée : « JE VAIS OBTENIR CECI » ou : « JE VAIS ARRIVER A RÉALISER CELA » vous paraît démesurée avec vos propres possibilités conscientes, vous pouvez dire : « AVEC L'AIDE DE MON TALISMAN, JE VAIS OBTENIR CECI OU RÉALISER CELA ».

Voici tout le secret des talismans. Ils ne remplaceront jamais votre propre puissance créatrice, mais la renforceront dans la mesure ou vous croirez en eux.

Or, le meilleur moyen de croire en un Talisman, est de le réaliser soi-même. Plus un travail a demandé de travail et d'attention lors de sa réalisation, plus il a de valeur aux yeux de son exécutant. Chacun est fier de ce qu'il a réalisé en peinant, alors qu'il attache beaucoup moins d'importance à ce qui ne lui a pas demandé d'efforts.

Les talismans tout faits, les porte-bonheur variés vendus dans le commerce, ont autant de valeur spirituelle qu'un autre objet, du moment que son acquéreur y concentre sa foi et ses espoirs. C'est d'ailleurs pour cette raison qu'ils sont généralement vendus assez cher, car les fabricants savent bien que, plus leurs clients auront eu du mal à réunir la somme demandée (souvent en sacrifiant un autre achat prévu dans leur budget), plus ils auront tendance à croire en leurs vertus « miraculeuse » donc, inconsciemment, à placer leur confiance dans ces objets et, par voie de conséquence, à CROIRE. C'est alors qu'au moment de la réalisation de leurs désirs, ils attribueront ce merveilleux résultat non à leur propre foi, mais à *l'objet-miracle*. D'où les innombrables lettres de satisfaction sincères que les fabricants s'empressent de joindre à leur publicité, lettres généralement authentiques qui démontrent fort bien que leurs auteurs n'ont pas saisi le sens profond de leur puissance créatrice, et en attribuent tous les mérites à ces objets.

Si l'on en croit la Tradition ésotérique, un talisman doit être exécuté dans une intention bien déterminée, et comporter les signes représentatifs du but dans lequel il a été conçu. Pour se faire, on a recours à différents éléments graphiques qui vous seront décrits en deuxième partie. Vous y trouverez notamment, tous les éléments vous permettant de réaliser vous-même votre propre pantacle.

Mais si vous voulez vraiment réussir dans vos buts, rappelez-vous qu'il est impératif que vous ayez CONFIANCE EN VOUS-MÊME.

Ne vous désespérez pas et ne faiblissez pas, même si au début, les résultats sont longs à apparaître.

CROYEZ en la puissance de votre talisman ; cela vous aidera énormément au début. Puis, quand vous aurez appris à bien vous servir de votre pensée créatrice et commencerez à en apprécier les résultats tangibles, essayez de vous séparer de votre talisman, tout en continuant à CROIRE de la même façon. Simplement, vous remplacerez la phrase : « Mon talisman m'aide à obtenir ceci » par : « JE vais obtenir ceci ». Dès que vous prendrez conscience de l'existence de votre propre puissance créatrice, vous pourrez jeter ce livre qui ne vous servira plus à rien, ou le donner à quelqu'un dont vous voulez le bonheur.

CROYEZ EN VOUS-MÊME !
AFFIRMEZ VOS POSSIBILITÉS !

et vous verrez s'ouvrir devant vous les portes du bonheur.

« Le Prâna est la force vitale de tout être.
La Pensée est la manifestation la plus subtile et la plus élevée de Prâna ».

SWAMI VIVEKANANDA
(« Râja-Yoga »)

« Dieu est la pensée ».

ARISTOTE

DEUXIÈME PARTIE

TALISMANIE PRATIQUE

« ***On se bornera à constater que tout charme magique, si absurde puisse-t-il paraître aujourd'hui, a dû primitivement avoir sa raison d'être*** ».

Max MULLER
(« Nouvelles études de Mythologie »)

PRÉAMBULE

> « *SUPERSTITION : mot qui vient d'un verbe latin signifiant : survivre* ».
>
> **Eliphas LÈVI**
> *(« Dogme et rituel de Haute-Magie »)*

Nous venons de voir ce à quoi pouvait servir un Talisman, ainsi que la manière de s'en servir le mieux possible. Vous avez constaté, qu'en fin de compte, tout se résume à une forte volonté de réussir, à un violent désir d'aboutir. Nous avons vu en quoi un Pantacle pouvait vous être utile et vous aider, surtout au début, quand vous n'êtes pas encore tout à fait sûr de vous.

« *Dans les traités de Magie, on donne le nom de Pantacle à un sceau magique, imprimé sur du parchemin vierge fait avec de la peau de bouc, ou gravé sur un métal précieux tel que l'or ou l'argent. Des triangles, des carrés, des étoiles à 5 ou 6 branches s'inscrivent dans les cercles du sceau ; des lettres hébraïques, des caractères cabbalistiques, des mots latins se dessinent sur ces figures géométriques. Les sceaux sont censés être en relation avec des réalités invisibles dont ils font partager les pouvoirs. Ils peuvent servir à susciter les tremblements de terre, l'amour, la mort, et à lancer toutes sortes de sortilèges. Ils symbolisent, captent et mobilisent à la fois, les puissances occultes ».*

LE DICTIONNAIRE DES SYMBOLES[1]

A l'heure actuelle, il existe de nombreux Pantacles et Talismans dans le commerce. On en trouve de toutes formes, de toutes tailles, de toutes matières et à des prix très différents.

Il est bien évident que du moment que leur utilisateur arrive à concentrer sa propre foi en lui-même dans ces différents objets, ils s'avèreront efficaces. Tout le secret de leurs « miraculeuses vertus » est là : il est impératif que l'utilisateur croit en eux, avec conviction et persévérance.

Mais, dans leur majorité, les vrais Pantacles sont

1. Editions Laffont ; Paris.

soumis à des règles de fabrication bien précises, qui ont été déterminées au fil des époques, par les plus célèbres chercheurs de l'occultisme, pour en arriver à leur forme actuelle, la plus usitée et la plus répandue.

Afin que vous puissiez, à votre tour, pénétrer dans l'univers de la fabrication des Pantacles, afin que vous puissiez enfin saisir le sens de leurs signes graphiques, nous avons essayé de dégager les lignes essentielles de leur composition parmi les multiples écrits anciens et modernes sur le sujet. Nous n'avons conservé que les données qui nous semblent être les plus essentielles, et sur lesquelles les auteurs sont généralement d'accord.

Or, ces règles de fabrication ont toujours fait l'objet d'un secret jalousement gardé, se transmettant d'initié à initié, au fil des temps. Du simple fait de cette sorte de « conspiration du silence », peu, de nos jours, savent fabriquer eux-mêmes leurs propres talismans, et par conséquent, peu de leurs utilisateurs en comprennent les signes, les dessins, les symboles. Cette méconnaissance du symbolisme attaché à de tels objets implique que l'on ne peut y croire aussi fermement que lorsque l'on en connaît exactement le sens.

Comme nous pensons que l'on ne peut CROIRE vraiment qu'en ce que l'on comprend, il nous apparaît comme impératif que l'utilisateur connaisse la signification exacte des divers symboles inscrits sur son Pantacle.

Cette deuxième partie vous en révélera bien des éléments.

« TALISMAN : (du Grec : Télesma) Objet marqué de signes cabbalistiques, qui a la vertu de porter bonheur et de communiquer un pouvoir surnaturel ».
Nouveau petit Larousse illustré.

CHAPITRE V

L'ÉSOTÉRISME GRAPHIQUE

« Il faut formuler sa pensée pour la préciser intégralement ».
BERGSON

« En Magie, les intentions ou volontés de l'opérateur, les principes, les lois et les phénomènes en conformité de quoi ces volontés peuvent se réaliser, sont résumés en hiéroglyphes que l'on nomme Pantacles. Puisqu'un Pantacle a pour but de résumer une conception ou une volonté, celles-ci doivent exister chez l'opérateur qui ne saurait s'appuyer sur une représentation graphique sans la représentation mentale correspondante »[1].

---

1. Paul-Clément JAGOT : « *Science occulte et magie pratique* » (Editions Dangles, épuisé).

Cette citation montre bien dans quel état d'esprit doit s'effectuer la fabrication d'un Pantacle. Non seulement vous devez connaître le symbolisme des éléments graphiques qui le composent, mais en plus, être capable de vous représenter mentalement le plus concrètement et le plus réellement possible, le but que vous vous êtes fixé à atteindre.

L'ésotérisme graphique se fonde sur la convention en vertu de laquelle le tracé d'une lettre ou d'un dessin représente une idée bien définie.

La naissance de cet ésotérisme remonte à la lointaine époque ou les idées exprimées ne devaient être comprises que de ceux qui déterminaient la signification des signes employés.

« *Le secret des graphismes n'est fait que de l'ignorance de ceux qui ne savent pas les lire. On reconnaîtra que l'écriture musicale, chimique ou algébrique demeure mystérieuse pour quiconque n'a pas appris à la lire* »[1].

De même, notre alphabet actuel doit paraître bien hermétique à l'indigène illettré du fonds de la brousse.

Or, à ce jour, l'ésotérisme graphique reste encore partiellement incompréhensible à la plupart : peu de ceux qui utilisent les pantacles — et ils sont nombreux !

---

1. P. V. Piobb : « *Formulaire de Haute Magie* » (Editions Dangles).

— connaissent et comprennent la signification des différents signes les composant.

Aussi, est-ce pour vous permettre cette compréhension que nous nous sommes penchés sur ce problème, et avons essayé de dégager les principales significations des graphismes que nous utiliserons dans la fabrication de nos propres talismans.

CHAPITRE VI

QUI PEUT CRÉER UN TALISMAN ?

Tous les talismans n'ont de vertu et d'efficacité qu'à la condition d'être en parfaite correspondance avec la personne qui les porte (quel que soit le genre de talisman).

Aussi, il est bien évident qu'il est préférable de réaliser soi-même son propre talisman. De toute façon, il sera obligatoire de s'y représenter personnellement par l'inscription de symboles en accord avec soi-même.

« *Un talisman ne peut avoir de valeur que s'il est compris par son porteur* »[1].

C'est pourquoi, il n'est pas impératif de créer soi-même son propre talisman ; par contre, vous DEVEZ en saisir le sens, savoir interpréter les symboles qui y sont portés ; en un mot, vous DEVEZ LE COMPRENDRE.

---

1. PAPUS : « *Traité méthodique de Magie Pratique* » (Editions Dangles).

En effet, dans notre époque moderne, on n'a plus guère le temps de passer plusieurs heures à dessiner sur un petit carré de parchemin ; aussi, nous ne vous demanderons que d'assimiler les symboles que nous allons vous expliquer ; une fois que vous en aurez compris le sens, vous pourrez détacher les talismans préparés que vous trouverez en fin d'ouvrage. Vous n'aurez plus qu'à y inscrire les ultimes symboles vous personnalisant, et CROIRE fermement en leurs vertus créatrices qui, rappelez-vous le constamment, ne sont ni plus, ni moins que les vôtres propres.

Néanmoins, pour ceux qui ont du temps de libre et de la patience, nous avons encarté du parchemin vierge de toute inscription permettant de réaliser soi-même et entièrement, son propre talisman. Ce peut être la manière la plus efficace dans la mesure où vous y croirez un peu plus.

CHAPITRE VII

LE SUPPORT

« *On lit souvent dans les vieux grimoires, que pour écrire les prières magiques ou pour dessiner les signes hiéroglyphiques des talismans, il faut du parchemin vierge.*

En effet, les anciens enseignaient que tout objet garde, inscrite dans son atmosphère invisible, la trace de tout ce qui l'a touché ou a été en contact avec lui un certain temps »[1].

Certains êtres, doués de qualités médiumniques, et nommés *psychomètres,* parviennent ainsi, uniquement par le contact physique avec un objet, à revivre l'histoire et les événements survenus à ceux qui ont été en rapport avec cet objet.

---

1. PAPUS : « *Le livre de la Chance* » (Diffusion Scientifique ; Paris).

Or, un talisman étant une chose on ne peut plus personnelle, il s'avère donc nécessaire d'utiliser un matériau le plus vierge possible. A notre époque ou tout est plus ou moins manufacturé, il est difficile de se procurer un tel matériau. Alors, on le remplace par une matière pure, telle que papier pur fil choisi spécialement, ou mieux encore, par des peaux provenant d'animaux très jeunes.

On utilise actuellement du parchemin végétal, matériau manufacturé certes, mais qui peut être considéré comme suffisamment pur, du moment qu'aucune inscription n'y ait été portée auparavant.

Nous avons donc utilisé ce support pour les pantacles que nous avons créés.

CHAPITRE VIII

GRAPHISME DES TALISMANS

1) Pourquoi des cercles sur les pantacles ?

La fabrication d'un pantacle consiste à résumer exactement sur un seul objet, les faits, lois et principes correspondant à l'idée-force que l'on veut transmettre dans l'astral.

Le pantacle doit, avant tout, mentionner par un symbole à qui il est adressé. Or, agissant comme support de la pensée de l'opérateur, et celle-ci étant dirigée vers l'astral, le pantacle doit mentionner par un symbole l'existence de cet agent universel qui enveloppe la création toute entière. Or, quoi de plus significatif, sur un plan géométrique, qu'un cercle fermé ? Si l'on considère que TOUT est contenu dans ce cercle fermé, il devient alors le symbole le plus représentatif de l'Astral qui nous entoure. Il représente le MACROCOSME (infiniment grand).

D'autre part, la tradition a toujours considéré l'homme, ou du moins le corps humain, comme un petit univers, comme une image réduite du Macrocosme auquel il correspond partie à partie[1] et le nomme : MICROCOSME. Ce microcosme étant l'exact reflet miniaturisé du macrocosme, il semble logique de le symboliser également par un cercle, mais de plus petit diamètre que le premier, et inscrit dans celui-ci.

Le cercle extérieur (macrocosme) symbolisant TOUT l'univers, devra avoir une épaisseur de trait plus grande que le cercle intérieur (microcosme) car il délimite vraiment tout ce qui existe, tandis que le cercle intérieur délimite seulement l'homme, et que cet homme, suivant son niveau spirituel, peut faire varier (symboliquement) le diamètre de ce cercle, en rayonnant plus ou moins hors de la limite de son enveloppe.

Le premier élément de nos talismans, sera donc un ensemble de deux cercles concentriques.

---

1. Définition donnée à « MICROCOSME » par le *Petit Robert* (Sté du nouveau Littré ; Paris).

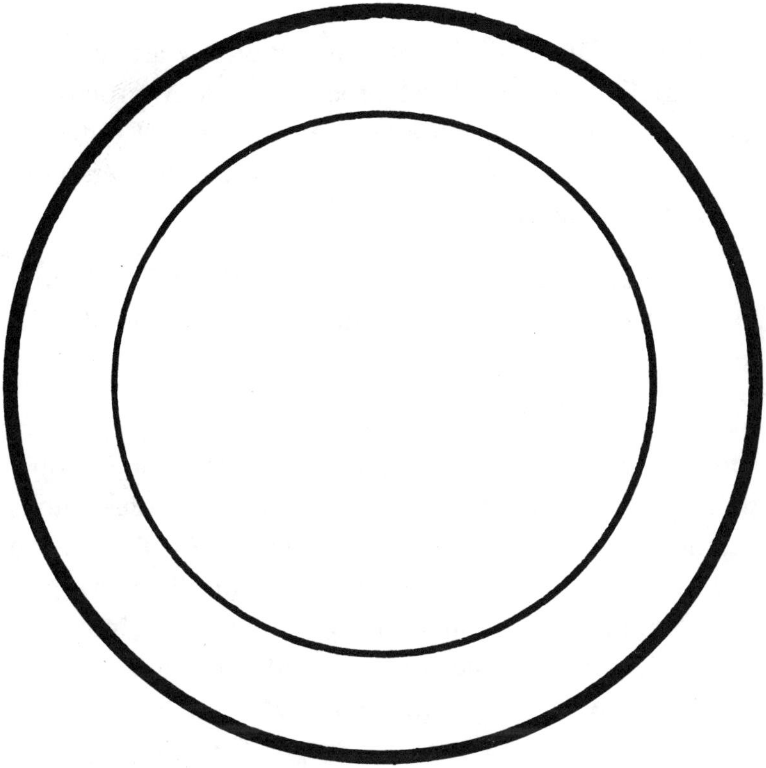

Deux cercles concentriques

2) Pourquoi un hexagone ?

Il nous faut maintenant montrer qu'il y a une possibilité de liaison entre le Macrocosme et le Microcosme. Ce ne sont pas deux mondes bien distincts et dotés de frontières infranchissables, mais bien deux univers pouvant s'interpénétrer.

Le Macrocosme lui, n'est pas susceptible d'évolution, puisqu'il est déjà TOUT ce qui a existé, existe et existera.

Par contre, le microcosme, délimité par le niveau spirituel de l'homme est susceptible d'extension, en fonction de l'évolution spirituelle humaine. En effet, si nous examinons le but suprême du Yoga qui est l'ascension de la spiritualité humaine jusqu'à devenir elle-même partie intégrante de la Créativité cosmique, nous pouvons considérer que le microcosme peut s'agrandir jusqu'à rejoindre le macrocosme, état qui n'est accessible qu'aux véritables adeptes des Yogas supérieurs.

Etudions maintenant, toujours d'après la Tradition, le symbolisme graphique de l'hexagone :

Deux lignes jointives en un point : ces lignes vont se perdre dans l'infini, sans se rencontrer jamais. Elles symbolisent l'homme moyen qui ne sait utiliser concrètement la puissance de sa pensée, ni la diriger vers un but précis.

Si une troisième ligne (horizontale) vient relier les deux premières, nous obtenons un triangle tête en haut, qui représente tout ce qui monte de bas en haut. Cette figure symbolise donc la pensée créatrice de l'homme s'élevant vers l'astral.

« *Comme la flamme d'une torche tend toujours à s'élever de quelque manière qu'on la tourne, ainsi l'homme dont le cœur est enflammé par la vertu, quelque accident qui lui arrive, se dirige toujours vers le but que la sagesse lui indique.* »[1]

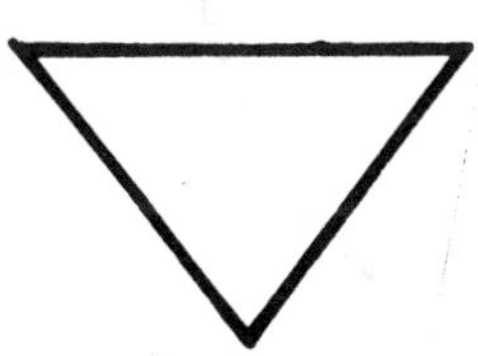

Le triangle tête en bas représente tout ce qui descend de haut en bas, et par conséquent, symbolise la réponse de l'astral à l'homme qui l'a invoqué.

1. Proverbe de BRAHME BARTHRIHARI.

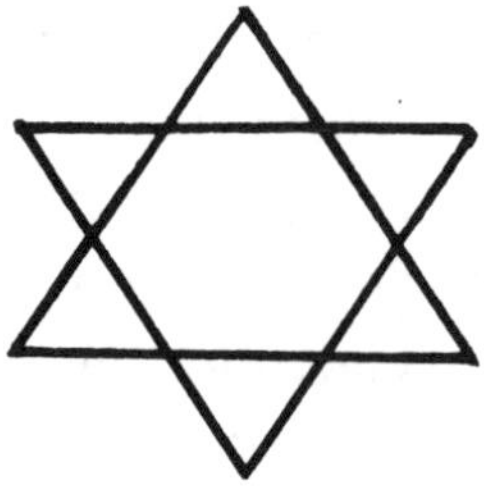

L'union de ces deux triangles (hexagone) représente donc la circulation de la Vie, du Ciel à la Terre, et vice-versa. Placée sur un Pantacle, entre deux cercles concentriques, cette figure symbolise l'étroite connexion du macrocosme et du microcosme, pour le bien de l'humanité.

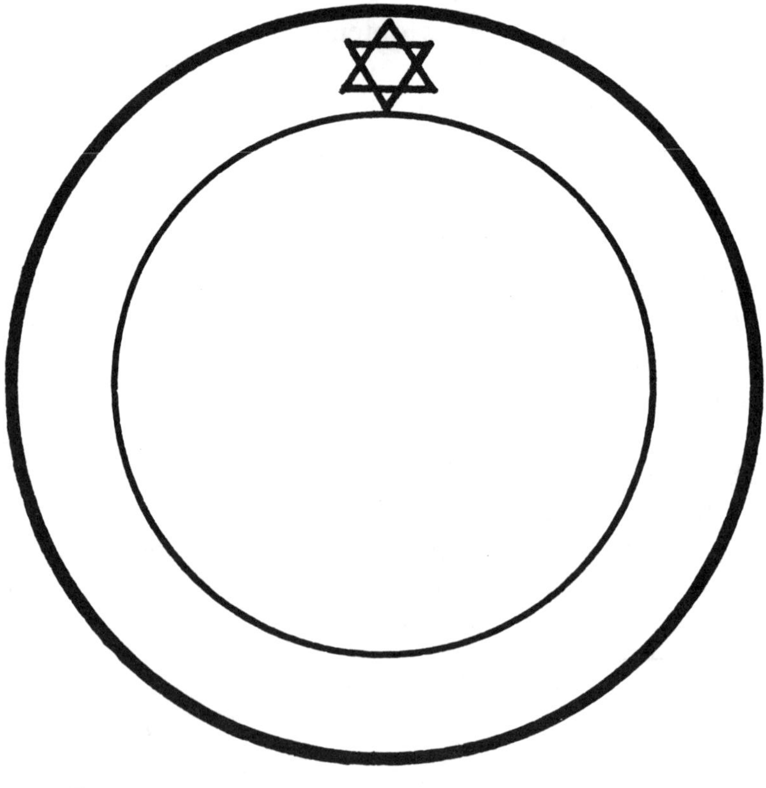

Deux cercles concentriques et un hexagone

3) Le pentagramme

Le Pentagramme, ou étoile à cinq branches, est un pantacle des plus complets que l'on puisse imaginer. Il correspond d'ailleurs à l'Etoile Flamboyante des Francs-Maçons.

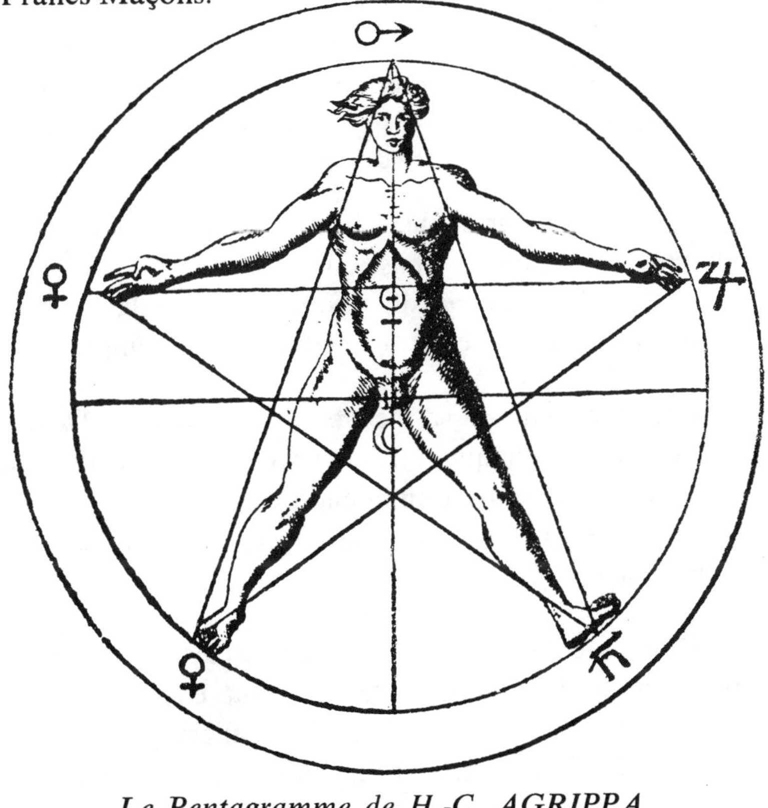

Le Pentagramme de H.-C. AGRIPPA

Ses sens sont multiples, mais ils se ramènent tous à l'idée primordiale de l'alliance du quaternaire et de l'Unité.

Cette figure désigne surtout l'homme. La pointe supérieure représente la tête, et les 4 autres pointes, les extrémités des membres de l'homme.

— Le Pentagramme la tête en haut indique l'homme chez qui la volonté (la tête) domine les passions (les membres).

— Le Pentagramme la tête en bas, représente l'homme chez qui les passions dominent la volonté, c'est-à-dire l'homme passif, l'homme qui se laisse subjuguer, influencer ; c'est le médium par exemple.

Or, la volonté de se mettre en rapport avec l'astral que manifeste chaque utilisateur de pantacle du fait même de cette utilisation, dénote déjà un esprit fort, dominant les passions, la crainte et le mépris de l'environnement.

Dans la construction de nos pantacles, nous utiliserons donc le Pentagramme tête en haut, et nous l'inscrirons dans le cercle représentatif du microcosme, puisque ces deux éléments correspondent à l'homme.

Deux cercles concentriques, un hexagone
et un Pentagramme

CHAPITRE IX

POURQUOI L'EMPLOI DE L'HÉBREU ?

« *Jusqu'à ce jour, l'ésotérisme graphique a pour unique base, ou à peu près, l'écriture Talmudique, et l'alphabet Hébreu, du moins dans la confection des Talismans* ».

G. MUCHERY

(« Magie, moyens pratiques d'action occulte »)

La langue Hébraïque est une langue sacrée, à 22 clefs, dérivée presque directement des hiéroglyphes égyptiens.

Mais les caractères que nous possédons actuellement ne datent que du Ve siècle avant notre ère. Ils ont été calqués sur les hiéroglyphes primitifs, à tel point que chacun des caractères actuels reproduit exactement le caractère primitif employé par Moïse.

L'Égyptien, le Chinois, le cunéïforme et l'Hébreu sont des alphabets hiéroglyphiques dans lesquels chaque signe représente non seulement une lettre et un nombre, mais aussi une idée.

Les affirmations de tous les initiés, les déclarations des chercheurs spécialisés comme celles des historiens chinois et égyptiens, nous ont conduit, par leur concordance complète, à cette conclusion :

« Les constellations célestes sont l'origine réelle de toutes les formes des caractères de l'écriture, hiéroglyphiques ou alphabétiques ».

Nous n'entreprendrons pas dans le cadre de cet ouvrage l'étude approfondie du symbolisme complet de l'alphabet hébreu, étude qui a déjà fait l'objet de nombreux traités et de volumineuses thèses. Nous nous contenterons de vous en résumer les principales interprétations, interprétations que nous avons extraites des plus sérieuses études sur la question, telles que celles de PAPUS, PIOBB, etc...[1]

Voici donc ci-après énumérées, les principales significations (tant réelles que symboliques) de chacune des 22 lettres de l'alphabet hébreu.

---

1. Voir bibliographie.

1) L'alphabet hébreu

Lettre N° 1 **ALEPH** Chiffre : 1

א

Signification : L'HOMME
Attribut astrologique : LE SOLEIL
Symbole ésotérique : LA VOLONTÉ
Nom divin : EHIEH
Emploi dans le Tarot : LE MAGE
LE BATELEUR.

Lettre N° 2 **BETH** Chiffre : 2

ב

Signification : LA BOUCHE
Attribut astrologique : LA LUNE
Symbole ésotérique : LA SCIENCE
Nom divin : BACHOUR
Emploi dans le Tarot : LA PORTE DU TEMPLE
LA PAPESSE

Lettre N° 3 **GHIMEL** Chiffre : 3

ג

Signification : LA MAIN QUI PREND
Attribut astrologique : LA TERRE
Symbole ésotérique : L'ACTION
Nom divin : GADOL
Emploi dans le Tarot : ISIS URANIE
L'IMPERATRICE

Lettre N° 4

ד

DALETH Chiffre : 4
Signification : LE SEIN
Attribut astrologique : JUPITER
Symbole ésotérique : LA RÉALISATION
Nom divin : DAGOUL
Emploi dans le Tarot : LA PIERRE CUBIQUE L'EMPEREUR

Lettre N° 5

ה

HÉ Chiffre : 5
Signification : LE SOUFFLE
Attribut astrologique : MERCURE
Symbole ésotérique : L'INSPIRATION
Nom divin : HADOM
Emploi dans le Tarot : LE MAITRE DES ARCANES LA PAPE

Lettre N° 6

ו

VAU Chiffre : 6
Signification : L'ŒIL - L'OREILLE
Attribut astrologique : LA VIERGE
Symbole ésotérique : L'ÉPREUVE
Nom divin : VESIO
Emploi dans le Tarot : LES DEUX ROUTES LES AMOUREUX

Lettre N° 7 **ZAIN** Chiffre : 7

ז

Signification : LA FLÈCHE
Attribut astrologique : LE SAGITTAIRE
Symbole ésotérique :LA VICTOIRE
Nom divin : ZAKAI
Emploi dans le Tarot : LE CHAR D'OSIRIS

LE CHARIOT

Lettre N° 8 **HETH** Chiffre : 8

ח

Signification : UN CHAMP
Attribut astrologique : LA BALANCE
Symbole ésotérique : L'ÉQUILIBRE
Nom divin : CHASED
Emploi dans le Tarot : THEMIS

LA JUSTICE

Lettre N° 9 **TETH** Chiffre : 9

ט

Signification : UNE TOITURE
Attribut astrologique : NEPTUNE
Symbole ésotérique : PRUDENCE
Nom divin : TEHOR
Emploi dans le Tarot : LA LAMPE VOILÉE

L'ERMITE

Lettre N° 10 **IOD** Chiffre : 10

י

Signification : L'INDEX
Attribut astrologique : LE CAPRICORNE
Symbole ésotérique : LA FORTUNE
Nom divin : IAH
Emploi dans le Tarot : LE SPHINX
LA ROUE DE FORTUNE

Lettre N° 11 **CAPH** Chiffre : 20

כ

Signification : LA MAIN QUI SERRE
Attribut astrologique : LE LION
Symbole ésotérique : LA FORCE
Nom divin : MITTATRON
Emploi dans le Tarot : LE LION
LA FORCE

Lettre N° 12 **LAMED** Chiffre : 30

ל

Signification : LE BRAS QUI SE DÉPLOIE
Attribut astrologique : URANUS
Symbole ésotérique : MORT VIOLENTE
Nom divin : SADAI
Emploi dans le Tarot : LE SACRIFICE
LE PENDU

Lettre N° 13 **MEM** Chiffre : 40

מ

Signification : LA FEMME
Attribut astrologique : SATURNE
Symbole ésotérique : TRANSFORMATION DE L'HOMME
Nom divin : JEHOVAH
Emploi dans le Tarot : LA FAUX

LA MORT.

Lettre N° 14 **NOUN** Chiffre : 50

נ

Signification : UN FRUIT
Attribut astrologique : LE VERSEAU
Symbole ésotérique : INITIATIVE HUMAINE
Nom divin : EMMANUEL
Emploi dans le Tarot : LE GÉNIE HUMAIN

LA TEMPERANCE

Lettre N° 15 **SAMECH** Chiffre : 60

ס

Signification : LE SERPENT
Attribut astrologique : MARS
Symbole ésotérique : LA FATALITÉ
Nom divin : SAMECK
Emploi dans le Tarot : LE TYPHON

LE DIABLE

Lettre N° 16

ע

HAIN Chiffre : 70
Signification : LE LIEN
Attribut astrologique : LE BELIER
Symbole ésotérique : LA RUINE
Nom divin : JEHOVAH SABAOTH
Emploi dans le Tarot : LA TOUR FOUDROYÉE (LA MAISON DE DIEU

Lettre N° 17

פ

PÉ ou PHÉ Chiffre : 80
Signification : LA BOUCHE et LA LANGUE
Attribut astrologique : VÉNUS
Symbole ésotérique : L'ESPÉRANCE
Nom divin : PHODE
Emploi dans le Tarot : L'ÉTOILE DES MAGES LES ETOILES

Lettre N° 18

צ

TSADÉ ou TZAD Chiffre : 90
Signification : LE TOIT
Attribut astrologique : LE CANCER
Symbole ésotérique : DÉCEPTION
Nom divin : TSEDECK
Emploi dans le Tarot : LE CRÉPUSCULE LA LUNE

Lettre N° 19 **COPH** Chiffre : 100

ק

Signification : LA HACHE
Attribut astrologique : LES GÉMEAUX
Symbole ésotérique : LE BONHEUR
Nom divin : KODESH
Emploi dans le Tarot : LA LUMIÈRE
LE SOLEIL.

Lettre N° 20 **RESH ou RESCH** Chiffre : 200

ר

Signification : LA TÊTE
Attribut astrologique : LES POISSONS
Symbole ésotérique : LE RENOUVELLEMENT
Nom divin : RODEH
Emploi dans le Tarot : LE RÉVEIL DES MORTS LE JUGEMENT

Lettre N° 21 **SHIN** Chiffre : 300

ש

Signification : LA FLÈCHE
Attribut astrologique : LE TAUREAU
Symbole ésotérique : L'EXPIATION
Nom divin : SHADAI
Emploi dans le Tarot : LA COURONNE LE MONDE

Lettre N° 22 **TAU ou THAU** Chiffre : 400

ת

Signification : LE THORAX
Attribut astrologique : LE SCORPION
Symbole ésotérique : LA RÉCOMPENSE
Nom divin : TECHINAH
Emploi dans le Tarot : LE CROCODILE

LE FOU

Ceux de nos lecteurs qui lisent l'Hébreu moderne, remarqueront que nous ne tenons pas compte des « points voyelle » actuellement utilisés dans la langue hébraïque écrite. La Cabbale est en effet basée sur le texte de Moïse, et ces points « mancrétiques » n'ont été inventés que 2000 ans plus tard.

Voir : PAPUS : « *Premiers éléments de la langue hébraïque* » ; (épuisé).

Rassurez-vous ! Il n'est pas indispensable de connaître par cœur toutes les significations et les concordances de chaque lettre hébraïque. Il vous sera simplement très utile de savoir qu'à votre signe astrologique de naissance (Taureau, Lion, etc...) correspond telle ou telle lettre hébraïque, et que la planète qui dirige votre signe est représentée par telle autre lettre. Vous aurez à reproduire ces deux lettres sur le talisman que vous choisirez, et il est INDISPENSABLE que vous sachiez pourquoi vous les dessinez.

Nous espérons que les renseignements donnés dans les tableaux précédents ouvriront bien des portes aux chercheurs, car nombreuses sont les interprétations différentes de cette fameuse langue hébraïque, base de toute étude sur la Tradition. En effet, la Haute-Magie apparaît de nos jours comme une science très incomplète, parce que ses secrets ont jusqu'ici été voilés par le mystère des symboles, et qu'il demeure fort difficile d'en apercevoir les lois. En particulier, l'usage du symbolisme de l'écriture hébraïque, connu uniquement de quelques initiés, en rendait l'étude très ardue.

2) Le mot divin IOD-HÉ-VAU-HÉ

Si l'on en croit l'antique tradition des Hébreux, ou Cabbale, il existe un mot sacré qui donne au mortel qui en découvre l'exacte prononciation, la clef de toutes les sciences divines et humaines.

Ce mot, que les Israëlites ne prononcent jamais, et que le Grand Prêtre disait une fois par an au milieu des cris du peuple profane, est celui que l'on trouve également au sommet de toutes les initiations, celui qui rayonne au centre du triangle flamboyant du 33e degré franc-maçonnique de l'Ecossisme, celui qui s'étale au-dessus du portail des vieilles cathédrales.

Il est formé de 4 lettres hébraïques :

יהוה

et se lit : IOD - HÉ - VAU - HÉ. (En Hébreu, les lettres se lisent de droite à gauche).

D'après Fabre d'OLIVET (« Langue hébraïque restituée »[1]), ce mot signifie :

« *L'être qui est, qui fut et qui sera* ».

C'est donc le mot représentatif du principe même de l'Univers.

---

1. Epuisé.

Les 4 lettres de ce mot, prises individuellement, signifient :

IOD : Le principe actif par excellence. (Le MOI), ou la pensée humaine dynamisée par le besoin de créativité, qui la fait s'évader de l'enveloppe charnelle vers l'Astral.

HÉ : Le principe passif (le NON-MOI) qui EST, et attend passivement d'être sollicité par les impulsions du cerveau humain.

VAU : Le terme médian, le trait d'union reliant l'actif au passif, l'éther, support des pensées créatrices de l'homme et qui les achemine vers l'astral.

HÉ : Marque le passage d'un monde dans un autre. C'est la réponse de l'astral aux sollicitations humaines ; c'est la matérialisation dans l'absolu de ce qui EST dans l'immatériel.

Comme dans la majorité des pantacles existants à l'heure actuelle, nous inscrirons donc ce mot sacré, en caractères hébreux, entre les 2 cercles, car c'est un élément de liaison entre le macrocosme et le microcosme.

Trame fixe pour chacun des pantacles
de Gaël

CHAPITRE X

TALISMANS ET ASTROLOGIE

Nous venons d'étudier la signification des éléments graphiques qui seront fixes pour les quatre Pantacles que nous utiliserons.

Maintenant, il nous faut établir la distinction de chacun de ces quatre pantacles, suivant le domaine d'action propre à chacun d'eux. Pour cela, nous aurons recours à l'Astrologie.

En effet, la talismanie n'est ni plus ni moins que l'art de capter les forces bénéfiques liées à telle ou telle planète.

Depuis les Chaldéens, la Magie considère l'ensemble dénommé : « système solaire » comme une sorte de champ magnétique où les diverses et constamment variables combinaisons entre les planètes (considérées comme éléments énergétiques) procurent à ce champ des aspects différents, et des forces d'induction et d'attraction très importantes.

La Magie, utilisant toute force capable de véhiculer la pensée humaine vers l'astral, confine donc très étroitement à l'astrologie.

Nous savons tous, d'après la Tradition, qu'à chaque planète sont attachées différentes « vertus », et qu'elles influent plus ou moins sur le « devenir » de l'homme. La science moderne (astronomie) considère les astres comme de grosses masses matérielles réagissant les unes sur les autres en fonction de leur volume, de leur éloignement et de leur vitesse de rotation.

« *L'astrologie enseigne que les astres sont des êtres vivants, aussi vivants que les animaux terrestres ou les végétaux, qu'ils ont des Amitiés et des Haines, et qu'ils s'influencent les uns les autres par les fluides qui circulent entre eux. L'astrologie peuple le ciel d'êtres vivants et de forces intelligentes, alors que l'astronomie ne nous montre au-dessus de nos têtes, qu'un immense cimetière de masses inertes et de forces aveugles.* »[1]

Or, à la lumière des innombrables horoscopes astrologiques qui se sont faits de tous temps, et dont une énorme majorité s'est révélée exacte, on peut effectivement considérer les planètes de notre système comme des éléments actifs participant à notre vie physi-

1. PAPUS : « *Traité méthodique de Magie Pratique* » (Editions Dangles).

que, et l'on conçoit aisément que chacune ayant son « caractère » propre, puisse être porteuse de qualités uniques auxquelles l'homme, de par la possibilité pour lui de projeter son esprit dans l'astral, peut faire appel.

La Tradition nous enseigne que notre monde est gouverné par nos SEPT GÉNIES PLANÉTAIRES :

SATURNE. — JUPITER. — MARS. — SOLEIL. — VÉNUS. — MERCURE. — LUNE.

Aussi, voici pourquoi la plus grande partie de la science talismanique est basée sur ces sept planètes, et que l'on trouve, à la base de chaque pantacle, une évocation planètaire.

Dans une mesure de simplification pour le lecteur, nous ne considérerons que quatre talismans, alors qu'une étude approfondie de la tradition nous montre qu'il existe une multitude de pantacles différents pour chaque planète, selon leurs origines.

C'est en comparant les différentes interprétations données par chacun, que nous avons pu collationner et sérier les principales vertus de chaque talisman planétaire, et nous avons constaté que plusieurs d'entre eux avaient des « vertus » sinon identiques, du moins se chevauchant.

De plus, après statistiques, nous avons remarqué que l'homme moderne est surtout préoccupé par quatre sujets qu'il juge comme primordiaux pour l'heureux accomplissement de sa destinée. Aussi, nous nous sommes volontairement limités aux quatre talismans qui suivent :

TALISMAN DE MARS : SANTÉ

Préserve la santé physique de son porteur.

Favorise et aide à la guérison, mais ne remplace pas les soins médicaux donnés par ailleurs. Il ne peut agir qu'en tant que RENFORCEMENT d'une thérapeutique, et ne doit pas être considéré comme thérapeutique par lui-même.

Protection contre les accidents violents, les coups et les blessures.

TALISMAN DE VÉNUS : AMOUR

Attire la sympathie et l'amour.

Favorise l'équilibre et l'harmonie du foyer, l'affection et la concorde entre époux.

Confère à son porteur une grande influence sympathique.

TALISMAN DU SOLEIL : FORTUNE

Favorise l'ambition, la réussite et la gloire.

Aide la réussite professionnelle. Attention ; ce n'est pas parce que l'on porte ce talisman qu'il ne faut plus travailler et espérer toucher sa paie à la fin du mois ! Ce talisman ne peut qu'aider votre valeur professionnelle, favoriser votre promotion en faisant valoir vos mérites à vos supérieurs, etc...

Très utile pour les commerçants et industriels. Favorise la rentabilité d'une affaire.

TALISMAN DE MERCURE : ÉLÉVATION SPIRITUELLE ET INTELLECTUELLE

Très utile pour ceux qui étudient. Favorise la compréhension et l'assimilation.

Aide à développer les facultés psychiques, et ouvre les portes du subconscient.

Très conseillé pour ceux qui peinent cérébralement. Favorise l'ouverture de l'esprit et la naissance des idées.

Maintenant, nous nous devons de différencier ces quatre talismans par des symboles ésotériques les rattachant à leur planète directrice, car chacun d'eux (d'après la Tradition) n'est efficace que dans le domaine pour lequel il a été conçu.

Pour se faire, nous nous référerons à l'excellent ouvrage de PAPUS : « *Traité méthodique de Magie Pratique* ». En effet, PAPUS (Docteur Gérard EN-

CAUSSE) fut l'un des maîtres les plus éminents du XIXe siècle en matière de recherche dans le domaine de l'Occulte. Ses nombreux travaux, tant ils sont considérés comme valables par les chercheurs modernes, sont constamment réédités à l'heure actuelle. C'est la meilleure preuve du sérieux de ses recherches, et nous nous bornerons à extraire de son ouvrage les éléments qui nous intéressent, en priant le lecteur désireux d'aller plus loin dans ses recherches, de s'y reporter.

Chaque planète possède ses caractères particuliers ainsi que nous venons de le voir, caractères qui sont symbolisés par différents symboles graphiques remontant à la plus haute Antiquité. La Kabbale, ou plus précisément l'ASTROLOGIE KABBALISTIQUE, emploie dans la confection des talismans, les éléments graphiques et nominatifs attribués à chacune de ces planètes.

Vous trouverez donc ci-après, pour chacune des quatre planètes étudiées, le JOUR que cette planète préside, l'ANGE Hébreu gouvernant cette journée, le NOM MYSTIQUE Hébreu correspondant à cette planète, son NOMBRE SYMBOLIQUE, et les symboles graphiques de son CARACTÈRE et de son INTELLIGENCE.

Nous vous montrerons ensuite comment disposer ces différents éléments sur la trame fixe des talismans, que nous venons de réaliser.

1) Les noms mystiques

Tout acte exécuté par un quelconque être humain peut et DOIT être considéré comme une manifestation de la *divinité universelle.* Mettre une de ces manifestations en jeu, c'est créer un courant d'action RÉEL qui se répercutera dans tout l'univers, de même qu'une sensation perçue par l'homme en un point quelconque de sa peau fait vibrer l'organisme tout entier.

A chaque lettre hébraïque, correspond un NOMBRE et une IDÉE. Si chacune de ces lettres est, par elle-même, une puissance effective, le groupement de plusieurs d'entre elles (d'après certaines règles mystiques), donne naissance à des CENTRES DE FORCE ACTIFS, qui peuvent agir d'une manière efficace lorsqu'ils sont mis en action par la volonté de l'homme.

Ces combinaisons de lettres ont donné naissance à dix NOMS DIVINS, chacun exprimant un attribut spécial de Dieu, c'est-à-dire une *loi active de la nature.*

D'après la Tradition, chacun de ces dix noms mystiques, que l'on retrouve sur tous les talismans et dans toutes les formules d'évocation, influe sur le domaine d'action d'une planète bien déterminée. Ainsi, aux 4 planètes qui nous intéressent, correspondent les noms mystiques suivants :

MARS :	ADONAI
SOLEIL :	ELOA
VÉNUS :	IAVE SABAOTH
MERCURE :	ELOHIM SABAOTH

Nous aussi, nous utiliserons ces noms divins dans la confection de nos talismans, et vous trouverez, pour chacun d'eux, la transcription en caractères hébreux.

2) *Les nombres symboliques*

Vous constaterez, dans les pages suivantes, que pour chaque Talisman, nous mentionnerons le nombre symbolique attaché à la planète correspondante.

Généralement, dans la notion de NOMBRE, on ne voit que l'expression d'une QUANTITÉ. Mais, dans le domaine des Sciences Occultes, l'initié attribue certaines QUALITÉS aux nombres, et les diverses associations de ceux-ci représentent une IDÉE.

En Magie, la plupart des objets utilisés (Talismans et Pantacles) sont établis suivant des nombres, et à chaque planète est attaché un nombre bien déterminé et représentatif :

Planète SOLEIL :	Nombre 111
Planète VÉNUS :	Nombre 175
Planète MARS :	Nombre 65
Planète MERCURE :	Nombre 260

DESCRIPTION
DES 4 PANTACLES
DE GAEL

« Les opérations magiques sont l'exercice d'un pouvoir naturel, mais supérieur aux forces ordinaires de la nature. Elles sont le résultat d'une science et d'une habitude qui exaltent la volonté humaine au-dessus de ses limites normales ».

Eliphas LEVI

1. LE TALISMAN DE MARS

La planète Mars présidant la journée du Mardi, il est préférable de fabriquer ce talisman un **MARDI**

L'ange du Mardi se nomme : **SAMAEL**

Le nom mystique correspondant à Mars est : « ***ADONAI*** », qui s'écrit : אדני

Le nombre correspondant à Mars est ***65,*** qui s'écrit en Hébreu : סה

La planète Mars correspond à la lettre N° **15** : ***SAMECH :*** ס

Le Symbole ou caractère de Mars est :

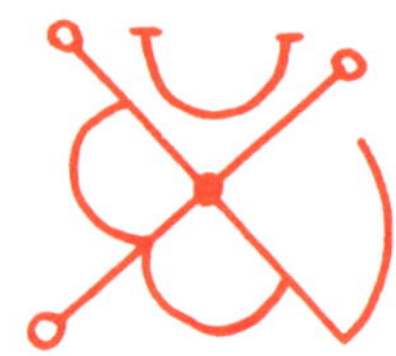

Le symbole de l'Intelligence de Mars est :

Le symbolisme général de cette planète, est représenté par un ***GLAIVE :***

TALISMAN DE MARS

SANTÉ

2. LE TALISMAN DU SOLEIL

La planète Soleil préside à la journée du Dimanche ; il est préférable de fabriquer ce talisman un **DIMANCHE**

L'ange du Dimanche se nomme : ***MICHAEL.***

Le nom mystique correspondant au Soleil est : « ***ELOA*** » qui s'écrit : אלוה

Le nombre correspondant au Soleil est : ***111***, qui s'écrit en Hébreu : קיא

La planète Soleil correspond à la lettre N° **1** : « ***ALEPH*** » א

Le symbole du caractère du Soleil est :

Le symbole de l'Intelligence du Soleil est :

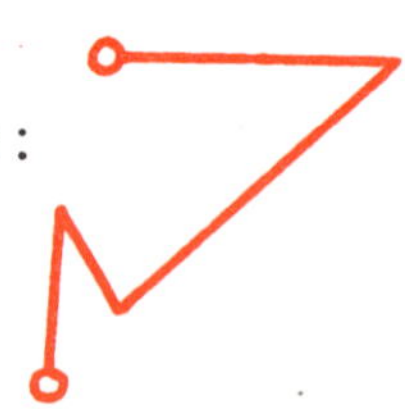

Le symbolisme général de cette planète est représenté par un ***POINT ENTOURÉ D'UN CERCLE :***

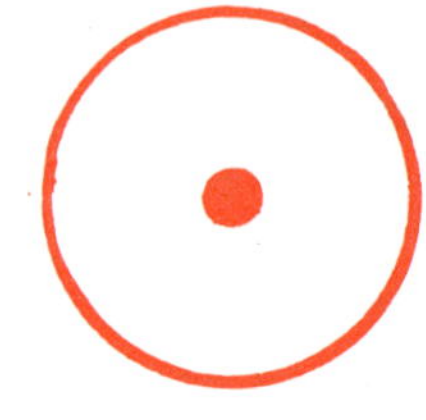

TALISMAN DU SOLEIL

FORTUNE

3. LE TALISMAN DE VÉNUS

La planète Vénus présidant à la journée du Vendredi, il est préférable de fabriquer ce talisman un ***VENDREDI***.

L'ange du Vendredi se nomme : « ***ANAEL*** ».

Le nom mystique correspondant à Vénus est : ***IAVE SABAOTH*** » qui s'écrit :

יהוה צבאות

Le nombre correspondant à Vénus est : ***175***, qui s'écrit en Hébreu :

קעה

La planète Vénus correspond à la lettre N°17 : « ***PÉ*** » :

פ

Le symbole du caractère de Vénus est :

Le symbole de l'Intelligence de Vénus est :

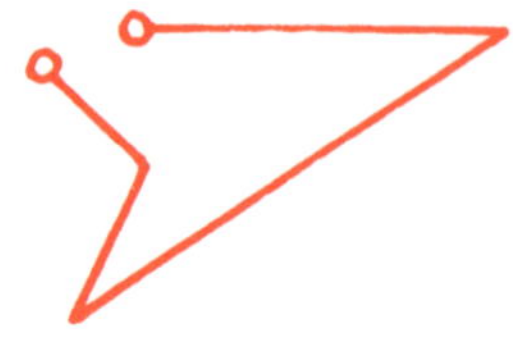

Le symbolisme général de cette planète est représenté par la lettre N° 3 : ***GHIMEL*** :

ג

TALISMAN DE VÉNUS

AMOUR

4. LE TALISMAN DE MERCURE

La planète Mercure présidant à la journée du Mercredi, il est préférable de fabriquer ce talisman un **MERCREDI.**

L'ange du Mercredi se nomme : « **RAPHAEL** ».

Le nom mystique correspondant à MERCURE est : « ***ELOHIM SABAOTH*** » qui s'écrit :

אלהים צבאות

Le nombre correspondant à Mercure est : ***260,*** qui s'écrit en Hébreu :

רס

La planète Mercure correspond à la lettre **5 : « *HÉ* » :**

ה

Le symbole du caractère de Mercure est :

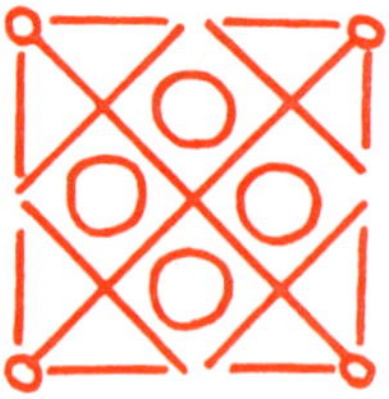

Le symbole de l'Intelligence de Mercure est :

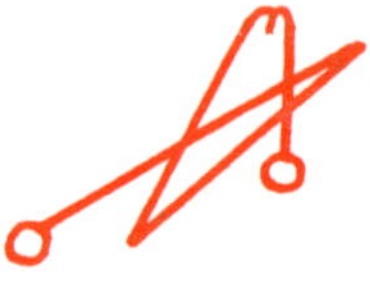

Le symbolisme général de cette planète est représenté par un ***CADUCÉE avec 2 serpents.***

TALISMAN DE MERCURE

ÉLÉVATION SPIRITUELLE
ET INTELLECTUELLE

CHAPITRE XI

LES ÉLÉMENTS PERSONNELS A L'UTILISATEUR

Nous arrivons maintenant à la fin de l'élaboration de nos talismans. Nous avons percé le sens symbolique de chacun des éléments fixes, et avons déterminé les éléments particuliers à chacun de nos quatre pantacles.

Il nous faut maintenant mentionner la personnalité propre de chaque utilisateur, afin d'individualiser définitivement le talisman que vous choisirez. Pour ce faire, nous aurons encore recours à l'astrologie.

En effet, chacun de nous, de par sa date de naissance, appartient à l'un des 12 signes du Zodiaque, et à l'un des 36 décans divisant ces 12 signes.

Si nous mentionnons, d'une façon quelconque, notre signe zodiacal et notre décan de naissance sur le Talisman que nous utiliserons, nous l'aurons déjà fortement empreint de nos caractéristiques personnelles.

Evidemment, vous nous rétorquerez qu'il existe de nombreuses personnes du même signe et du même décan ; mais si, en plus, nous apposons notre signature manuscrite au verso de notre talisman, nous pourrons alors considérer qu'il est vraiment personnalisé à son porteur.

Pour conserver le caractère ésotérique propre à tout talisman, nous transcrirons les données relatives à nos caractéristiques astrologiques par les signes hébreux correspondants. Vous trouverez donc ci-après, 12 tableaux de correspondances pour chacun des 12 signes zodiacaux. Dans chacun de ces tableaux, vous trouverez les lettres hébraïques correspondantes au signe lui-même, et à la planète du signe. Vous verrez également le *génie* qui préside chaque décan.

Suivant votre date de naissance, recherchez dans ces tableaux les 3 éléments correspondants à vos 3 caractéristiques :

a) Lettre Hébraïque symbolisant votre signe astrologique ;

b) Lettre Hébraïque symbolisant la planète de votre signe ;

c) Nom du génie de votre décan de naissance.

CAPRICORNE (du 22/12 au 20/1)

Signe zodiacal :

Lettre N° 10 : **IOD** י

Planète du signe : SATURNE

Lettre N° 13 : **MEM** מ

Génies des décans :

- Décan I (du 22/12 au 31/12) : **THÉMÉSO**
- Décan II (du 1/1 au 10/1) : **EPIMA**
- Décan III (du 11/1 au 20/1) : **HOMOTH**

VERSEAU (du 21/1 au 18/2)

Signe zodiacal :

Lettre N° 14 : **NOUN** נ

Planète du signe : SATURNE

Lettre N° 13 : **MEM** מ

Génies des décans :

- Décan I (du 21/1 au 29/1) : **OROASOER**
- Décan II (du 30/1 au 8/2) : **ASTIRO**
- Décan III (du 9/2 au 18/2) : **TÉPISATRAS**

POISSONS (du 19/2 au 20/3)

Signe zodiacal :

Lettre N° 20 : **RESH** ר

Planète du signe : **JUPITER**

Lettre N° 4 : **DALETH** ד

Génies des décans :

- Décan I (du 19/2 au 28/2) : **ARCHATAPIAS**
- Décan II (du 1/3 au 10/3) : **TNOPIBUI**
- Décan III (du 11/3 au 20/3) : **ATEMBUI**

BÉLIER (du 21/3 au 20/4)

Signe zodiacal :

ע

Lettre N° 16 : **HAÏN**

Planète du signe : MARS

ס

Lettre N° 15 : **SAMECH**

Génies des décans :

- Décan I (du 21/3 au 30/3) : **ASSICAN**
- Décan II (du 31/3 au 9/4) : **SÉNACHER**
- Décan III (du 10/4 au 20/4) : **ACENTACER**

TAUREAU (du 21/4 au 20/5)

Signe zodiacal :

Lettre N° 21 : **SHIN** ש

Planète du signe : VÉNUS

Lettre N° 17 : **PÉ** פ

Génies des décans :

- Décan I (du 21/4 au 30/4) : **ASICATH**
- Décan II (du 1/5 au 10/5) : **VIROASO**
- Décan III (du 11/5 au 20/5) : **AHARPH**

GÉMEAUX (du 21/5 au 21/6)

Signe zodiacal :

Lettre N° 19 : **COPH** ק

Planète du signe : MERCURE

Lettre N° 5 : **HÉ** ה

Génies des décans :

- Décan I (du 21/5 au 31/5) : **THÉSOGAR**
- Décan II (du 1/6 au 10/6) : **VÉRASUA**
- Décan III (du 11/6 au 21/6) : **TÉPISATOSOA**

CANCER (du 22/6 au 22/7)

Signe zodiacal :

Lettre N° 18 : **TSADÉ** צ

Planète du signe : LUNE

Lettre N° 2 : **BETH** ב

Génies des décans :

- Décan I (du 22/6 au 30/6) : **SOTHIS**
- Décan II (du 1/7 au 10/7) : **SYTH**
- Décan III (du 11/7 au 22/7) : **THUIMIS**

LION (du 23/7 au 22/8)

Signe zodiacal :

Lettre N° 11 : **CAPH** כ

Planète du signe : SOLEIL

Lettre N° 1 : **ALEPH** א

Génies des décans :

- Décan I (du 23/7 au 2/8) : **APHRUIMIS**
- Décan II (du 3/8 au 11/8) : **SITHACER**
- Décan III (du 12/8 au 22/8) : **PHUONISIE**

VIERGE (du 23/8 au 22/9)

Signe zodiacal :

Lettre N° 6 : **VAU** ו

Planète du signe : MERCURE

Lettre N° 5 : **HÉ** ה

Génies des décans :

- Décan I (du 23/8 au 2/9) : **THUMIS**
- Décan II (du 3/9 au 12/9) : **THOPITUS**
- Décan III (du 13/9 au 22/9) : **APHUT**

BALANCE (du 23/9 au 22/10)

Signe zodiacal :

Lettre N° 8 : **HETH**

ח

Planète du signe : VÉNUS

Lettre N° 17 : **PÉ**

פ

Génies des décans :

- Décan I (du 23/9 au 2/10) : **SÉRUCUTH**
- Décan II (du 3/10 au 12/10) : **ATÉRECHINIS**
- Décan III (du 13/10 au 22/10) : **ARPIEN**

SCORPION (du 23/10 au 22/11)

Signe zodiacal :

Lettre N° 22 : **TAU** ת

Planète du signe : MARS

Lettre N° 15 : **SAMECH** ס

Génies des décans :

- Décan I (du 23/10 au 2/11) : **SENTACER**
- Décan II (du 3/11 au 12/11) : **TÉPISEUTH**
- Décan III (du 13/11 au 22/11) : **SENCINER**

SAGITTAIRE (du 23/11 au 21/12)

Signe zodiacal :

Lettre N° 7 : **ZAÏN** ז

Planète du signe : JUPITER

Lettre N° 4 : **DALETH** ד

Génies des décans :

- Décan I (du 23/11 au 1/12) : **EREGBUO**
- Décan II (du 2/12 au 11/12) : **SAGEN**
- Décan III (du 12/12 au 21/12) : **CHENEN**

Vous venez donc de repérer ces 3 symboles. Ces éléments, propres à chacun de vous, seront à placer à l'intérieur du plus petit cercle (celui qui vous représente).

Vous recopiez, sur le Talisman que vous avez choisi, chacun de ces trois éléments comme suit :

— *Lettre représentant votre signe zodiacal :* en haut à gauche du Pentagramme.

— *Lettre symbolisant la planète de votre signe :* en haut à droite du Pentagramme.

— *Nom du génie de votre décan de naissance :* entre les deux branches inférieures du Pentagramme. Cette inscription se fera en lettres romaines car, s'il est utile de bien comprendre le sens de chaque élément graphique, il n'est pas nécessaire d'embrouiller l'utilisateur mal familiarisé avec l'écriture hébraïque en lui imposant la retranscription d'un mot entier.

Une fois ces trois mentions recopiées (à l'encre noire), il ne vous restera plus qu'à apposer votre signature au verso.

Prenons un exemple :

— Vous êtes né un 15 MAI.

— Astrologiquement parlant, vous faites donc partie du 3e DÉCAN DU SIGNE DU TAUREAU.

— Votre signe zodiacal est représenté par la letter N° 21 : SHIN.

— La planète attachée à votre signe est VÉNUS, qui est représentée par la lettre N° 17 : PÉ.

— Le génie de votre décan de naissance se nomme : AHARPH.

— Vous avez choisi d'utiliser le Talisman de MARS, pour la SANTÉ.

Vous disposez donc vos trois éléments sur ce talisman, comme suit (voir page ci-contre) :

A titre d'exemple supplémentaire, le Pantacle représenté en page 3 de ce livre (en une seule couleur), est un Pantacle de VÉNUS (Amour) pour une personne née un 24 mars.

TALISMAN DE MARS POUR UNE PERSONNE
NÉE UN 15 MAI

Une fois ces trois éléments recopiés sur les talismans préparés que vous trouverez aux pages suivantes, il ne vous restera plus qu'à retourner celui que vous aurez choisi, et à apposer votre signature en plein milieu, toujours à l'encre noire. Ce talisman vous sera alors vraiment personnel.

Les 8 pages suivantes vous proposent 4 vrais Talismans; sur parchemin végétal, tout préparés.

Vous retrouverez les Talismans de

MARS,
VÉNUS,
SOLEIL,
MERCURE,

que nous avons étudiés ensemble au cours des précédents chapitres.

Après ces 4 talismans, vous trouverez 2 pages de parchemin vierge (non imprimé) destinées à ceux qui voudraient confectionner entièrement leurs propres talismans.

Il vous suffit de découper suivant les pointillés, avec une paire de ciseaux.

LES 4 PANTACLES DE GAEL

« C'est la gymnastique de la pensée qui s'exerce à la réalisation des Talismans ; aussi, l'effet de ces pratiques est infaillible, comme la nature elle-même, lorsqu'elles sont faites avec une confiance absolue et une persévérance inébranlable ».

Eliphas LEVI
(*Dogme et Rituel de Haute-Magie*).

Les 4 pantacles de Gaël existent maintenant sous forme de bijoux en argent massif.

Vous pouvez les obtenir chez :

LE NOMBRE D'OR
41, rue d'Espagne
64100 BAYONNE

PANTACLE DU SOLEIL
FORTUNE

PANTACLE DE MARS
SANTÉ

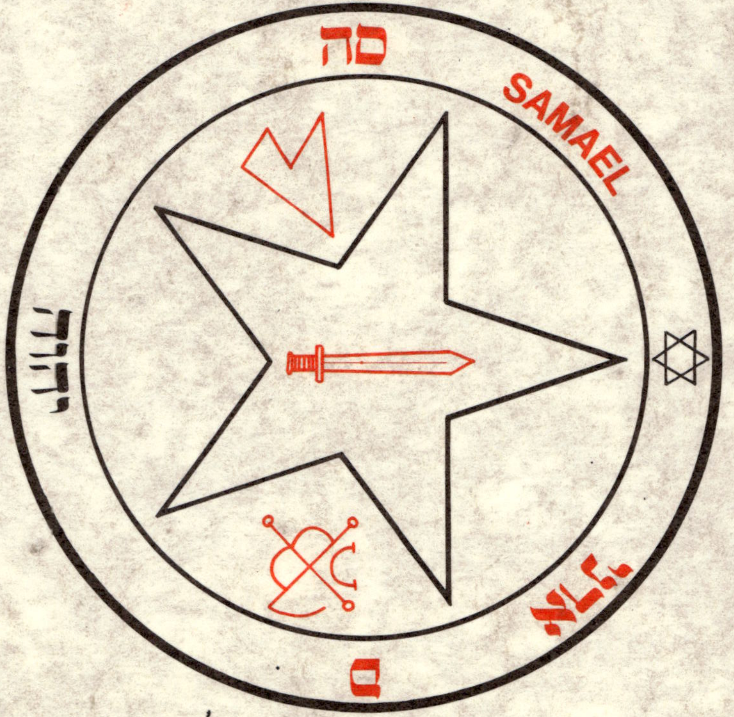

PANTACLE DE MERCURE
ÉLÉVATION SPIRITUELLE ET INTELLECTUELLE

PANTACLE DE VÉNUS
AMOUR

PARCHEMIN VIERGE
A VOTRE DISPOSITION

PARCHEMIN VIERGE
A VOTRE DISPOSITION

CHAPITRE XII

MODE D'EMPLOI

En règle générale, les talismans sont faits pour être portés sur soi, quoique l'on en trouve destinés à être placés dans la maison, accrochés dans la chambre à coucher par exemple. On peut même considérer que certaines sculptures et certains édifices ont un caractère talismanique.

Vous savez maintenant ce qu'est un talisman et à quoi il sert. Mieux, vous savez même le fabriquer vous-même. N'oubliez jamais que si vous le conservez dans sa passive existence d'objet, il ne vous apportera rien. *Il n'est doté d'aucun pouvoir surnaturel, ne possède aucune vertu miraculeuse.* C'est un objet inerte. Seule la force de votre pensée peut l'animer. Il cristallisera votre volonté de réussir, il sera le support de vos aspirations secrètes et vous aidera puissamment à orienter et à fixer votre influx mental.

SANS VOUS, IL N'EST RIEN.

Comme tout objet, il est fait pour servir ; aussi, SERVEZ-VOUS EN !

Vu sous cet angle d'utilisation, vous comprendrez aisément que le meilleur endroit ou vous puissiez le placer sera celui ou vous y penserez le plus souvent.

A chaque fois qu'il s'imposera à votre esprit, vous formulerez, consciemment ou inconsciemment, le but que vous vous êtes fixé à atteindre.

Placez-le à l'endroit où vous vous trouvez le plus souvent : votre bureau de travail, votre table de chevet...

Si vous avez un métier qui exige de vous de nombreux déplacements, utilisez-le comme marque-page de votre carnet de rendez-vous. Ainsi, à chaque fois que vous ouvrirez votre agenda, il vous sautera aux yeux et vous serez inconsciemment obligé d'y consacrer ne serait-ce qu'un dizième de seconde de votre attention.

Quand vous partez au travail, mettez-le dans votre portefeuille, sac à main ou poche. Quand vous arrivez à votre bureau, retirez-le et placez-le devant vos yeux. Le soir, même manœuvre ; vous le rammenez avec vous. Le simple fait de penser à ne pas l'oublier dans vos déplacements, tel votre trousseau de clefs, vous le remettra en mémoire constamment. A ces moments-là, faites l'effort de matérialiser une fois de plus dans votre esprit, votre aspiration secrète. Seule la répétition continuelle de vos pensées créatrices peut faire se matérialiser votre désir.

Il n'est pas utile de VOIR constamment votre talisman pour y penser. S'il est au contact de votre corps (par exemple, accroché par une cordelette autour de votre cou), son simple contact avec votre peau conduira votre cerveau à enregistrer sa présence. Si à chaque fois que vous réaliserez sa présence, vous vous forcez à affirmer mentalement la réalisation prochaine de votre but, ce sera gagné ! Il aura alors rempli son rôle, car à force de RÉALISER MENTALEMENT VOTRE DÉSIR, celui-ci se matérialisera enfin.

N'oubliez pas que seul, il n'aura aucun effet tangible. Il n'est là que pour vous aider, mais c'est vous qui devez faire l'effort principal.

Une fois que vous aurez utilisé un de ces talismans, gardez-le précieusement ou brûlez-le ; en effet, d'après la Tradition, la vertu d'un talisman se perd si ce dernier est aliéné ou prêté ; il faut même prendre garde de ne jamais s'en défaire, celui-ci pouvant alors servir d'arme contre son précédent propriétaire (envoûtement).

Quand vous aurez réussi à PENSER assez fortement et avec suffisamment de ténacité pour voir se matérialiser plusieurs des buts que vous vous serez fixés, vous réaliserez alors l'immense puissance qui sommeille en vous. Vous n'aurez plus besoin alors, que de votre seule PENSÉE-CRÉATRICE, et pourrez jeter ces talismans.

Ils vous auront au moins aidés à débuter puis à vous affirmer ; ce n'est déjà pas si mal.

« *Aide-toi, le ciel t'aidera* ».

LA BIBLE

BIBLIOGRAPHIE

Ouvrages relatifs à notre première partie : « TALISMANIE SPIRITUELLE »

Alexis CARREL. — *« L'homme, cet inconnu »,* (Plon, Paris).

Dr Albert LEPRINCE. — *« Les Ondes de la Pensée » ; « Énergie psychique et magiciens modernes »,* (épuisés).

Dr J. MURPHY. — *« Les miracles de votre esprit » ; « Renaître » ; « La Magie de la foi »,* (Éditions Dangles, St-Jean-de-Braye).

Dr F. BAILES. — *« Votre esprit peut vous guérir »,* (Éditions Dangles, St-Jean-de-Braye).

E. KRAMER. — *« Chemins vers la puissance »,* (Éditions Dangles, St-Jean-de-Braye).

E. HOLMES. — *« La science du mental » ; « La pratique de la science du mental »,* (Dervy-Livres, Paris).

R. INGALESE. — *« Pouvoir de l'esprit »,* (Éditions Dangles, St-Jean-de-Braye).

G. GONZALES — *« La prière-force »,* (Diffusion scientifique, Paris).

G. BARBARIN. — *« Affirmez et vous obtiendrez » ; « Demande et tu recevras »,* (Éditions Bussière, Paris) ; *« Comment on soulève les montagnes »,* (Éditions Dangles, St-Jean-de-Braye).

Dr Emmet FOX. — *« Le sermon sur la montagne » ; « Le pouvoir par la pensée constructive »,* (Éditions Astra, Paris).

P. C. JAGOT. — *« Méthode pratique d'autosuggestion »,* (Éditions Dangles, St-Jean-de-Braye).

Ouvrages relatifs à notre deuxième partie : « TALISMANIE PRATIQUE »

PAPUS (Dr Gérard ENCAUSSE). — « *La Cabbale* » ; « *Traité méthodique de Magie pratique* », (Éditions Dangles, St-Jean-de-Braye).

P. V. PIOBB. — « *Formulaire de Haute-Magie* », (Éditions Dangles, St-Jean-de-Braye).

J.-P. de KERSAINT. — « *Les 13 Pantacles du bonheur* », (Éditions Dangles, St-Jean-de-Braye).

G. MUCHERY. — « *Magie, moyens pratiques d'action occulte* », (Éditions du Chariot, Paris).

J. MARQUES-RIVIERE. — « *Amulettes, Talismans et Pantacles* », (Éditions Payot, Paris).

PAPUS (Dr Gérard ENCAUSSE). — « *Le livre de la chance* », (Diffusion scientifique, Paris).

Benjamin MANASSE. — « *Rituel de Magie Blanche, T. II : Talismans et Pantacles bénéfiques* », (Diffusion scientifique, Paris).

P. C. JAGOT. — « *Science occulte et magie pratique* », (épuisé).

PAPUS (Dr Gérard ENCAUSSE). — « *Premiers éléments de lecture de la langue Hébraïque* », (épuisé).

Fabre d'OLIVET. — « *La langue Hébraïque restituée* », (épuisé).

TABLE DES MATIÈRES

La composition et l'impression de cet ouvrage
ont été réalisées par CLERC S.A.
18200 SAINT-AMAND - Tél. : 48-96-41-50
pour le compte des ÉDITIONS DANGLES
18, rue Lavoisier - 45800 ST-JEAN-DE-BRAYE

Dépôt légal Éditeur n° 1694 - Imprimeur n° 4600

Achevé d'imprimer en Avril 1991

Dans la même collection :

R. LACROIX A L'HENRI :
MANUEL DE RADIESTHÉSIE. Cours complet, théorique et pratique, de radiesthésie pour tous.

Format 15 × 21 ; 208 pages ; illustré.

La radiesthésie est l'art de détecter et de découvrir, grâce au pendule ou à la baguette de sourcier, toute chose cachée ou inconnue que l'on recherche : sources, puits, souterrains, personnes disparues, diagnostic médical et vétérinaire, analyse d'un corps inconnu, archéologie, gisements métalliques ou autres... ou tout simplement les réponses aux questions que vous vous posez quotidiennement.
A chaque instant de votre vie où vous hésitez devant un problème, une décision à prendre ou un choix à faire, la radiesthésie peut vous être d'un grand secours, et les résultats concrets et positifs ne se comptent plus.
Ce livre mérite vraiment une place à part ; en effet, l'auteur a su réunir en un seul ouvrage tout ce qui concerne la THÉORIE et la PRATIQUE de cet art. C'est donc un **ouvrage particulièrement complet** et d'un intérêt exceptionnel, tant pour le néophyte que pour le radiesthésiste chevronné.
Un livre de base, indispensable à l'étude de cet art maintenant universellement reconnu et utilisé.

Paul-C. JAGOT :
COMMENT DÉVELOPPER VOTRE MAGNÉTISME PERSONNEL. Notre influence invisible : comment l'augmenter et l'utiliser.

Format 15 × 21 ; 272 pages.

En quelques heures, ce livre vous mettra à même de comprendre clairement le subtil mécanisme par lequel s'engendre et s'irradie **l'influence que nous exerçons tous** — consciemment ou non — **les uns sur les autres.**
La première partie vous révèlera les sources profondes du **pouvoir personnel.** Vous y trouverez les indications nécessaires pour vérifier expérimentalement, au moyen de **techniques simples et immédiatement utilisables,** le fait que vous influez autour de vous dans une mesure déjà appéciable, laquelle peut être considérablement renforcée.
Dans la seconde partie, l'auteur livre le secret de **l'extériorisation méthodique du magnétisme personnel,** tant dans la vie privée que sociale ou professionnelle. La mise en pratique de ces techniques vous assurera **ascendant, autorité et attractivité** sur tous ceux qui vous entourent et dont vous dépendez.
La troisième partie enseigne l'art d'**influer psychiquement,** d'une manière secrète et silencieuse, aussi bien sur un groupe que sur un individu isolé, de près comme de loin.
Dans vos rapports avec les autres, ce que vous désirez **vous devient accessible,** car ce guide pratique expose concrètement l'origine des succès les plus brillants, les plus constants et les plus stables.

Dans la même collection :

Paul-C. JAGOT :

L'INFLUENCE A DISTANCE. Cours pratique de télépsychie, de transmission de pensée et de suggestion mentale.

Format 15 × 21 ; 232 pages .

Il existe un moyen sûr et efficace d'influer sur autrui, de près comme de loin, un moyen assez subtil pour demeurer inaperçu, aussi profondément que l'on puisse subir son action invisible à laquelle d'ailleurs, nul ne peut se soustraire. Ce moyen n'est autre que la propriété dominatrice et attractive de toute pensée émise intensément et entièrement axée vers un but bien défini.
Certains utilisent cette faculté inconsciemment. D'autres la contestent sans se rendre compte qu'ils doivent l'ascendant de leur personnalité à cette activité psychique puissamment irradiante, reflet d'une vigoureuse organisation mentale. D'autres enfin voudraient apprendre à maîtriser et développer cette faculté que chacun de nous possède en son subconscient. C'est surtout à eux que cet ouvrage, **essentiellement pratique,** s'adresse.
Comme pour toute chose, chacun vient au monde plus ou moins qualifié pour l'action psychique à distance, mais cet ouvrage a précisément pour but de permettre à ceux qui sont peu doués, de tirer le maximum d'effets de leurs aptitudes actuelles et de les fortifier par un entraînement progressif détaillé dans ce livre.
Un ouvrage unique sur cette question, qui expose d'une manière limpide et pratique les techniques permettant d'influer, de près ou à distance, sur qui que ce soit, à son insu. **Une arme efficace dans notre combat quotidien.**

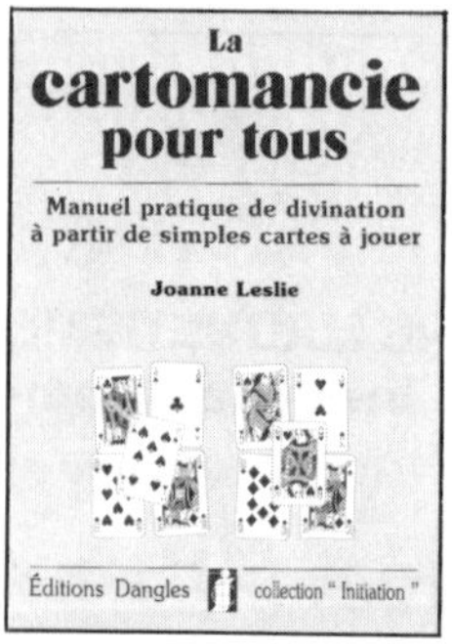

Joanne LESLIE :

LA CARTOMANCIE POUR TOUS.
Manuel pratique de divination à partir de simples cartes à jouer.

Traduit de l'anglais par Martine Hervieux Damon.
Format 15 × 21 ; 200 pages ; illustré.

Se servir des cartes à jouer comme support de voyance n'a rien d'original ; en fait, ce n'est qu'assez récemment qu'elles sont utilisées pour les jeux de hasard et de société. A leur origine, les cartes servaient de support à la divination : prédire l'avenir et pratiquer des études de caractère.
Ce **manuel pratique**, réalisé par une spécialiste, réactualise cet art ancien de la cartomancie. Les cartes sont ici considérées comme un *outil* dont l'inconscient se sert pour transmettre un message.

Notre avenir n'est heureusement pas prédéterminé. Néanmoins, l'existence nous confronte souvent à un éventail de choix devant lequel nous sommes parfois hésitants. La lecture des cartes, envisagée dans une optique d'**aide à l'autre** dans son incertitude, va mettre en évidence certaines ouvertures, possibilités, opportunités ou mises en garde qui pourront alors guider le consultant dans ses prises de décision.
Ce guide explique concrètement **tout ce qu'il faut savoir** : depuis l'achat des cartes et leur préparation jusqu'à l'art de la divination, en passant par les différents tirages, les combinaisons, l'éthique à respecter et, surtout, les significations détaillées des cartes une à une.
Rapidement, vous pourrez passer du simple amateurisme à un certain « professionnalisme », comme l'auteur d'ailleurs, qui vous révèle tous les petits secrets de cet « art ».

Dans la même collection :

Nerys DEE :

COMMENT INTERPRÉTER VOS RÊVES. Tous les éléments pratiques pour décrypter le symbolisme de vos songes.

Traduit de l'anglais ; 384 pages.

Qu'ils soient prémonitoires ou de simples allusions à des événements ordinaires, tous les rêves ont un point commun : **transmettre un message.** Ce guide pratique est une étude en profondeur, mais néanmoins simple, du langage symbolique des rêves. L'auteur, experte en analyse des rêves, étudie leur mécanisme, de même que les techniques auxquelles recourir afin de mieux s'en souvenir, les manipuler et les comprendre. Partant de ses multiples expériences, elle s'appuie sur de nombreux exemples de rêves authentiques afin d'examiner sous tous leurs aspects les sens cachés de leurs différents types de messages.
Ce manuel vous propose une série d'exercices qui, progressivement, vous apprendront à vous remémorer vos rêves, à les retranscrire, à les **interpréter** et, finalement, à les influencer. Vous pourrez ainsi faire de vos rêves vos meilleurs alliés. Un important **dictionnaire analytique de plus de 800 mots clefs** vous permettra de décrypter rapidement la plupart des images oniriques courantes.

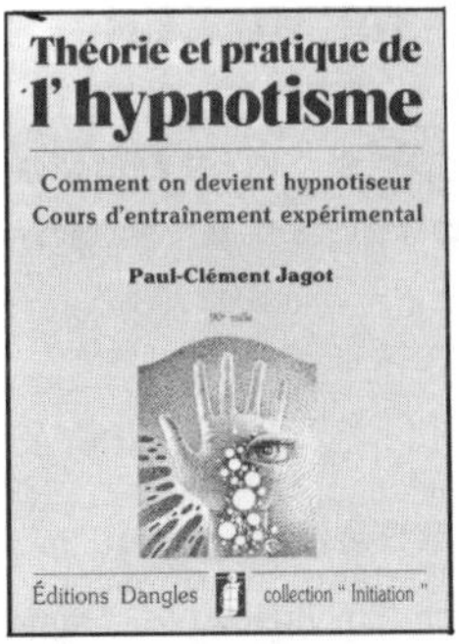

Paul-C. JAGOT :

THÉORIE ET PRATIQUE DE L'HYPNOTISME. Comment on devient hypnotiseur. Cours d'entraînement expérimental.

Format 15 × 21 ; 224 pages .

Devenir hypnotiseur, c'est acquérir au travers de multiples expériences sur des personnes de tout âge et de toute condition, l'aisance, la précision, le tact, la sûreté et l'autorité, pratiques nécessaires à la pleine efficacité des techniques hypnotiques.
Outre l'intérêt que présente l'étude de ces phénomènes psychiques et de leurs applications pratiques, l'expérimentation doit être considérée comme un moyen exceptionnellement efficace de **développement de la volonté, de l'assurance et de l'influence personnelle.**
Ce cours, clair, précis et rigoureusement scientifique, n'en reste pas moins **à la portée de tous,** en permettant de faire immédiatement des expériences en « toute sécurité ».
Tous les lecteurs de ce livre ne se résoudront peut-être pas à l'effort représenté par l'entraînement méthodique indispensable pour devenir hypnotiseur ; par contre, ils auront au moins l'avantage de se former sur cette question une notion claire et précise.
Les suggestibles, les influençables et les timides se doivent de connaître et pratiquer la suggestion, afin d'être à même de **déjouer toute tentative extérieure de domination,** de devenir maîtres de leurs pensées et d'acquérir une **parfaite assurance en toutes circonstances.**
Un livre à lire et à mettre en application.

Dans la même collection :

Paul-C. JAGOT :
COMMENT GUERIR PAR LE MAGNETISME. Traité théorique et pratique de magnétisme curatif.

Format 15 x 21 ; 168 pages ; illustré (photos).

La vitalité se communique comme la maladie.
Le magnétisme humain, cette **radio-activité biologique** que chacun extériorise plus ou moins intensément constitue, en dehors de toute suggestion, un puissant agent thérapeutique... il n'est que de voir les nombreux résultats positifs obtenus par les guérisseurs de nos campagnes !
Par l'intermédiaire de ce fluide, l'intention, le désir et la volonté de soulager — voire même de guérir — un malade, engendrent effectivement des **résultats positifs.** Ces résultats sont indépendants de l'imagination du patient, car ils se produisent aussi bien sur les enfants en bas âge que sur les adultes. Cette méthode n'a aucune commune mesure avec la médecine chimique, car elle réussit bien souvent là où tous les autres traitements classiques ont échoué.
Chaque expérimentateur, médiocrement ou puissamment doué, **obtiendra rapidement le maximum d'efficacité** s'il s'initie à la technique sûre et précise décrite dans cet ouvrage.
Ce guide pratique, d'une clarté et d'une précision telles qu'il est compris dès la première lecture, indique point par point quels procédés il convient d'employer dans chaque type d'affection pour obtenir les résultats souhaités.
Un véritable formulaire de médecine magnétique !

Josephine HARPER et Michael MILLER :
COMMENT DÉVELOPPER VOTRE ÉNERGIE PSYCHIQUE. Méthode pratique d'accroissement de vos pouvoirs énergétiques.

Traduit de l'anglais ; 176 pages ; illustré (photos).

Tous les êtres vivants produisent de l'énergie psychique et la transmettent ; cet échange participe de la communication entre les êtres humains. L'intégration de ces potentialités et leur développement passent nécessairement par l'apprentissage d'une **méthode d'utilisation consciente et maîtrisée.** Ce manuel — unique en son genre — vous guide pas à pas dans un cours progressif de développement de vos capacités psychiques. Il vous montrera comment cette énergie émane de tous les êtres vivants en un échange incessant, et vous apprendra comment vous pouvez *concrètement* la percevoir, la contrôler, la développer et la mettre en œuvre dans vos rapports avec les autres.

Au travers d'exercices à deux ou en groupe (travailler avec un partenaire permet d'obtenir un feed-back), illustrés par des photographies étonnantes, vous apprendrez :
— A prendre conscience de votre énergie psychique, puis à la contrôler...
— La purification psychique de vous-même, des autres, d'un lieu, d'un objet...
— La communication psychique (télépathie) entre plusieurs personnes, la perception des charges émotionnelles, des résistances, des autres énergies...
— La syntonisation (harmonisation) psychique avec une autre personne, l'absorption et l'émission d'énergie, l'harmonisation d'un groupe...
— La perception visuelle des énergies, le modelage des formes d'énergie, la psychométrie (clairvoyance)...
— Comment éviter les déperditions d'énergie (écran de protection, position de sécurité...).
— L'autodéfense psychique contre les énergies négatives (enveloppe de protection, test de résistance, isolation de soi ou des autres...).

Dans la même collection :

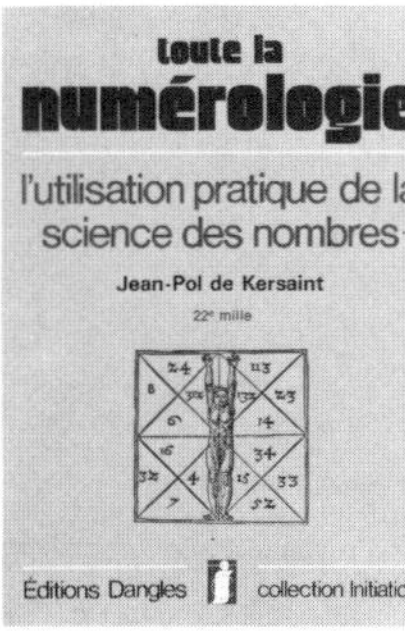

Jean-Pol de KERSAINT :
TOUTE LA NUMÉROLOGIE. L'utilisation pratique de la science des nombres.

Format 15 × 21 ; 216 pages ; illustré.

La Numérologie est l'art de déterminer, par la transcription de Noms et de Dates en chiffres, le caractère, la personnalité et les aptitudes de chacun, ainsi que bien d'autres choses encore... et ce, avec une précision souvent extraordinaire.
Vous connaître déjà vous-même !...
Connaître parfaitement les autres !... autant d'atouts pour réussir au mieux votre vie, tant professionnelle que sentimentale.
Mais ce n'est pas tout ! La Numérologie peut encore vous indiquer bien d'autres choses très intéressantes, telles que :
— Votre NOMBRE D'HEREDITE, celui qui vous pousse à réagir de telle ou telle façon face aux événements en fonction de vos tendances héréditaires ;
— Votre NOMBRE DE DESTINEE, celui qui contient le secret de votre réussite professionnelle ;
— Tous les nombres bénéfiques de votre vie, depuis les dates conseillées pour prendre quelque décision que ce soit, jusqu'aux nombres favorables pour jouer au tiercé, loterie, etc...
Cet ouvrage est le plus complet actuellement disponible, utilisable par tous sur-le-champ, traitant vraiment de TOUTE LA NUMEROLOGIE.

Jean-Pol de KERSAINT :
TOUT PAR LA RADIESTHESIE. Notions élémentaires pratiques pour toutes recherches dans les domaines les plus variés.

Format 15 × 21 ; 192 pages ; illustré.

Enfin un ouvrage moderne vraiment PRATIQUE sur ce sujet !
On peut TOUT savoir par la radiesthésie : **caractère et orientation professionnelle, diagnostic médical et traitements, recherche des trésors et des personnes disparues, tiercé, courses, loteries, jeux, pronostics sportifs, votre avenir dévoilé et des quantités d'autres possibilités...** et vous pouvez, vous aussi devenir radiesthésiste !
Dès la première lecture, vous serez en mesure de faire vos premiers essais en radiesthésie, et les résultats obtenus vous convaincront et vous encourageront à persévérer. Vous aurez alors entre les mains un outil merveilleux qui vous procurera bien des joies.
Inédit ! un véritable « CHERCHEUR RADIESTHESIQUE UNIVERSEL », d'un mode d'emploi aisé et précis qui assurera à vos recherches le maximum de précision, est inclus dans ce livre, sous forme de planche cartonnée.
Ce livre, rempli de conseils et d'exercices pratiques, vous fournira tous les éléments nécessaires à une pratique immédiate qui vous permettra de trouver la réponse à toute question se posant à vous.